JN236179

自分のこころからよむ
臨床心理学入門

丹野義彦・坂本真士──[著]

東京大学出版会

Clinical Psychology: Begin With Your Own Mind
Yoshihiko TANNO and Shinji SAKAMOTO
University of Tokyo Press, 2001
ISBN978-4-13-012034-0

自分のこころからよむ臨床心理学入門 ● 目　次

0　はじめに──「自分のこころからよむ」ということ ……………… 1

1　抑うつ──「こころのカゼ」とつきあう ……………………………… 5
　1.0　はじめに・ありがちな話ですが ……………………………………… 7
　1.1　抑うつをはかってみる ………………………………………………… 8
　1.2　抑うつに悩む人はどれくらいいるのか …………………………… 14
　1.3　どうして抑うつになるのか ………………………………………… 15
　1.4　抑うつとどうつきあうか …………………………………………… 39

　●コラム1　スチューデント・アパシー ………………………………… 42

2　対人不安──なぜ人とつきあうのが怖いのだろうか ……………… 45
　2.0　はじめに・対人不安とはどんな状態か …………………………… 47
　2.1　対人不安とは何か …………………………………………………… 48
　2.2　対人不安に悩む人はどれくらいいるのか ………………………… 53
　2.3　どうして対人不安が起こるのか …………………………………… 54
　2.4　対人恐怖と上手につきあうために ………………………………… 82

　●コラム2　摂食障害──拒食症と過食症 ……………………………… 87

3　妄想と自我障害──統合失調症の世界 ……………………………… 91
　3.0　はじめに・統合失調症とはどんな状態か ………………………… 93
　3.1　統合失調症とは何か ………………………………………………… 95
　3.2　統合失調症をどうとらえるか
　　　（1・原因帰属からみた妄想） …………………………………… 107
　3.3　統合失調症をどうとらえるか
　　　（2・自己意識理論からみた自我障害） ………………………… 112
　3.4　統合失調症の治療について ……………………………………… 124

　●コラム3　ストーカーと妄想 ………………………………………… 129

4 臨床の知の技法——自分のこころから臨床心理学へ …………133
- 4.1 精神病理とは・ソフトな病理の一般化 …………………135
- 4.2 精神病理をはかる …………………………………………137
- 4.3 ソフトな精神病理に悩む人はどれくらいいるか ………138
- 4.4 どうして精神病理になるのか ……………………………140
- 4.5 社会心理学的アプローチ …………………………………147
- 4.6 認知的アプローチ …………………………………………147
- 4.7 実証的アプローチ …………………………………………151
- 4.8 精神病理にどのように対処するか ………………………151

巻末解説

1 正規分布と標準偏差（156）／2 DSM-IV と診断基準（157）／3 帰属理論（159）／4 学習性無力感理論（164）／5 自己注目の理論（167）／6 自己呈示（176）／7「精神分裂病」から「統合失調症」へ（178）／8 心理療法とカウンセリングのさまざま（180）

引用文献　183
あとがき　189
索　引　193

⓪ ── はじめに
「自分のこころからよむ」ということ

社会からみた「こころの問題」

いじめ・カルト宗教・犯罪・ストーカーなど，世のなかにはさまざまのこころの病理現象があり，マスメディアに取りあげられない日はありません．また，最近は，少年の犯罪が多くなり，学校や子どもをめぐる環境の悪化が問題となっています．さらに，精神疾患が軽症化したといわれる一方で，一般の青年のあいだでアパシー（無気力）・対人不安・過食症・拒食症などの不適応がめだつようになっています．大学生のメンタルヘルスも大きな問題となりつつあります．たとえば，筆者のひとりが所属する東京大学では，学生による傷害事件がキャンパスで発生したり，1995年のオウム真理教事件に学生がかかわっていたことや，カンニングや万引きが横行していることが，新聞や週刊誌に報じられました．

このような現象をどのように考えればよいのでしょうか？　また，その背後にはどのような心理が働いているのでしょうか？　それらに対して，市民として，また（将来の）専門家として，どのように対処していったらよいのでしょうか？

「自分のこころから」よむ

本書ではおもに，抑うつ，対人不安，妄想の3つをとりあげて解説しています．これらは，調べてみると実に多くの人が経験し悩んでいるものです．臨床的に重要であり，研究も進んでいます．また，スチューデント・アパシー・摂食障害・ストーカーについてコラムでとりあげました．

この本は，こうした問題について，自分のこころを通して理解することをめざしています．ここであげたいろいろな不適応は，読者のみなさんとは無関係のものでしょうか．確かに理解しがたいものもありますが，いくつかは

自分にも心当たりのある方も多いのではないでしょうか．どうしてもやる気が出ない，人と話していて緊張してしまう，食べだしたら止まらないなどといった悩みはそれほどめずらしいものではありません．そうしたこころの問題の芽は誰にでもありますが，多くの人は気にとめることなく深刻にもならずに通り過ぎてしまいます．深刻になる人とそうでない人の差は何なのでしょうか．

この本では，こころの問題＝不適応を，正常と異常に分けて考えるのではなく，さかい目のない連続的なものとしてとらえます．また，不適応を，一部の人にだけみられると考えるのではなく，どの人にもおこりうるものとして考えます．一見すると異常のようにみえる問題も，その芽は，正常と思っている私たちのこころのなかにあります．逆にいうと，わたしたち自身のこころのなかを見つめることによって，こうした問題の芽が理解できるのです．『自分のこころからよむ臨床心理学入門』というタイトルはここから出てきました．

こころの不適応がどうして起こるのか，どのように予防したらよいのか，立ち直るためにはどうしたらよいのか，こうしたことについて，自分のこころから理解してみましょう．

アセスメント・ツールの使いかた

この本では，「自分のこころからよむ」ために，いろいろな工夫をしてみました．例えば，いろいろな心理テストをのせて，自分の抑うつや不安をはかれるようにしています．こうした質問紙法は，アセスメント・ツール（測定の道具）と呼ばれます．心理テストというと，テレビや雑誌に出てくる心理ゲームや占いとかを思い浮かべる方も多いと思います．しかし，これらと，本書で紹介した質問紙は全く異なります．心理ゲームや占いがその場の思いつきで作られているのに対し，アセスメント・ツールは科学的な裏付けが保証されています．このことについては，4章で説明します．

本書でこれらの質問紙を使うときに注意してほしいことがあります．それは，こうした質問紙で得られた結果は，そのときのあなたの状態を判断するための目安にとどめておいてほしいということです．こうした質問紙ではかられるのは症状の主観的な強さだけです．正常か異常かといった判定や診断

は，専門家が情報を総合しておこなうものですから，この質問紙のみから安易に自己診断をするのは危険です．心配な場合は，自分だけで判断せず，カウンセラーや精神科医などの専門家に相談することをおすすめします．

社会心理学と臨床心理学のクロスロード

この本の考えかたの大きな特徴は，社会心理学をベースにしてこころの不適応の問題を考えることです．社会心理学は，社会的な文脈における人間の心理を考える学問です．この本では，原因帰属・自己意識・自己呈示といった理論が何回も出てきます．こうした理論については，巻末にまとめて解説を載せています．その意味で，この本は「社会心理学入門」という側面ももっているのです．

社会心理学からこころの不適応をみるアプローチは，心理学の本場アメリカでは盛んに行われています．日本では，まだ小さな流れにすぎません．いくつかの専門書は別として，初学者むけに書かれたこの分野の本はおそらくこれが初めてでしょう．

自分探しへの旅――自分を知るための心理学

最近の若い人たちは，心理学に強い関心をもっているようです．大学でも，心理学の授業は超満員ですし，心理学を専攻したい学生は増えています．これは心理学者としては喜ばしいことですが，それは同時に，若い人たちが自分のアイデンティティに確信をもてなくなっていることも示しているのではないでしょうか．これがネガティブにあらわれた例としては，破壊的カルト宗教に引き込まれたり，違法な薬物に手を染めたりする学生が増えていることがあげられます．

大学で心理学を学ぶ目的はいろいろありますが，そのひとつは「自分探し」だといわれます．知覚や学習などの基本的な心理機能のメカニズムを知ったり，性格や社会行動の一般的な法則を知ることは，自己理解の前提となります．そのうえで，自分自身の対人関係や生きかたを考えていくことは，自分探しの大切なステップです．

この本は，自分のなかの抑うつや不安といった不適応の傾向について知る手助けになるでしょう．自分の不適応傾向を知ったうえで，それにどのよう

に対処していくか,自分とうまくつきあうにはどうすればよいか,こころの健康状態を保つためにはどうすればよいか,どのようにストレスを避けていくかといったことを考えていただければと思います.この本は,学問へのイントロダクションであると同時に,健康な自分へむけての「自分探し」のお手伝いをします.そのうえで,不適応を予防するためのメンタルヘルス教育,こころの健康教育といった面で役に立てば幸いです.

　付記　本書の初版から第5刷までは,「精神分裂病」という呼称を使っていましたが,2002年の日本精神神経学会による呼称変更に積極的に賛同し,第6刷から「統合失調症」の語を用います.

❶ 抑うつ
「こころのカゼ」とつきあう

抑うつ──やまない雨はありませんね．明けない夜もありません．こころが雨降りの状態や，真っ暗闇の状態は誰だって経験することです．「抑うつ」とは，たとえていえば，こころが「雨降り」「真っ暗闇」とか「カゼひき」とかの状態です．でも，そんな状態はいつかは治る，元気になる．この章では，こころのカゼ・抑うつについて一緒に考えてみましょう．

●この章の内容とテスト

1.0　はじめに・ありがちな話ですが……………………………………7
1.1　抑うつをはかってみる………………………………………………8
　　●テスト1-1　自己評価式抑うつ性尺度（SDS）……………9
1.2　抑うつに悩む人はどれくらいいるのか …………………………14
1.3　どうして抑うつになるのか ………………………………………15
　　1.3（1）　エイブラムソンらの「帰属理論」……………………15
　　●テスト1-2　帰属スタイル質問紙（ASQ）……………………17
　　1.3（2）　ベックらの「認知のゆがみ」理論 …………………25
　　●テスト1-3　非機能的態度尺度 ………………………………26
　　1.3（3）　ピズンスキーとグリーンバーグの
　　　　　　　「抑うつ的自己注目スタイル理論」…………………31
　　●テスト1-4　自己没入尺度 ……………………………………33
1.4　抑うつとどうつきあうか …………………………………………39
参考文献……………………………………………………………………40

コラム1　スチューデント・アパシー ………………………42

扉絵・本文挿絵：梅津由人

1.0　はじめに・ありがちな話ですが

　つぎの話は，今年大学に合格し，東京で新しくひとり暮らしを始めたかずみさんが，秋のある日，高校以来の友だちの慶子さんに悩みを打ち明けているところです．ありがちな話だと思いますが，ちょっと見てみましょう．

　かずみ：「最近，ずっと落ち込んで……，夜は寝ようとしても全然寝れないし．どうしたらいいか，何したらいいか，わからなくなって……．もう何もかもおしまい．何をやってもダメだと思うし……，どうしたらいいのかわからないし……，何もやる気が起きないの．学校にもバイトにも出られないの……．」
　慶子：「『久しぶりに会って』なんていうから，どうしたのかと思ったけど，やっぱ，まだ引きずってるのね．夏まえからじゃない．もういいかげん忘れなよ．げっそりやせちゃって．」
　かずみ：「近ごろ何も食べてないの，食べる気がしないの．……だいたい，わたしなんて，このまま何も食べずに死んでしまう方が……．死んだら彼だって，かわいそうなやつだぐらいに思ってくれるかもしれない．……彼がいないのに，生きていたって何の価値もないもの．」
　慶子：「やめな，そんなこと言うの．あなたが大学に受かって，あいつが落ちた．離ればなれになっているあいだに，溝ができちゃったのはしょうがないよ．暮らしかただって違うし．」
　かずみ：「彼がいたから，彼が支えてくれたから，わたしは合格できたの．でもわたしだけ受かって，わたしだけ東京に来て……．こんなだったら，わたしだけ来るんじゃなかった．自分だけ受かって，自分だけ東京に来て……．」
　慶子：「確かに，かずみと彼は励ましあってがんばっていたわ．でもね，受かったのはかずみの実力じゃない．それにかずみは学校でいつも成績よかったじゃないの．ほら涙を拭いて．」
　かずみ：「ありがと．……．わたし，こっちに来てから，彼に電話しなかったの．彼のほうから電話かけてくれてたし，自分からかけると彼の邪魔に

なるといけないと思って．……．でもね，それがいけなかったみたい．電話をかけて，彼を励ましていれば，ふたりに溝なんかできなかった．……．バイトとかサークルとか，そんなことで忙しくしていた自分が悪いの．彼のことをもっと考えていれば，こんなことにはならなかったのに．」

慶子：「もう自分を責めるのはやめなよ．そんなんじゃ疲れちゃうよ．」

1.1　抑うつをはかってみる

　この例は，よくある，ふつうの話にみえます．しかし，あとで見る診断基準によると，かずみさんは確実に「うつ病」と判断されるのです．では，「うつ病」や「抑うつ」とはどういった状態をいうのでしょうか．その度合いはどのようにしてはかられるのでしょうか．

　実際の抑うつ尺度をやってみる　抑うつとは何かを説明するまえに，実際の尺度を使ってあなたの現在の抑うつ度をはかってみましょう．試しに**テスト 1-1** のツァンの自己評価式抑うつ性尺度（SDS）[1][2]をやってみてください．SDS とはツァンという人が作成した抑うつを測る尺度で，世界的に使われているものです．

　テスト 1-1・SDS の結果の解釈　すべての質問に回答しおえたら，「得点の出しかた」にしたがって合計点を出してください．図 1-1 に筆者（坂本）が大学生を対象にして SDS を実施したときの，得点の分布を示しました．

　このデータによると，「サンプル 1」では平均が 41.3，標準偏差が 7.5，「サンプル 2」では平均が 38.3，標準偏差が 7.4 でした（「平均」や「標準偏差」については，巻末解説 1 を参照してください）．得点が高いほどあなたの現在の抑うつが重く，得点が低いほど抑うつの程度が軽いことになります．

　一般的に，SDS の得点が 49 点以下ならば，ほぼ心配はないと言えます[3]．得点が 50 点以上の人は最近，多少落ち込んで元気がないようです．

　ここで注意しておきたいことは，今回得点が高かったからといってがっくりすることはないということです．SDS が測定しているのは「性格」ではないからです．テストのまえにある文章にも示されているとおり，ここでは

● テスト1－1　自己評価式抑うつ性尺度（SDS）(2)

> 下の各々の文章を読んで，最近のあなたの状態に最もよく当てはまると思われる段階を1～4の中から1つだけ選んで，選んだ番号を○で囲んで下さい。あまり考えないで，最近感じている通りにつけて下さい。

		ほとんどない	ときどきある	かなりの間ある	ほとんどいつもある
1	気分が沈んで憂うつだ	1	2	3	4
2	朝がたは　いちばん気分がよい	1	2	3	4
3	泣いたり，泣きたくなる	1	2	3	4
4	夜よく眠れない	1	2	3	4
5	食欲は　ふつうだ	1	2	3	4
6	異性に対する関心がある	1	2	3	4
7	やせてきたことに　気がつく	1	2	3	4
8	便秘している	1	2	3	4
9	ふだんよりも　動悸がする	1	2	3	4
10	何となく　疲れる	1	2	3	4
11	気持は　いつもさっぱりしている	1	2	3	4
12	いつもとかわりなく　仕事をやれる	1	2	3	4
13	おちつかず，じっとしていられない	1	2	3	4
14	将来に　希望がある	1	2	3	4
15	いつもより　いらいらする	1	2	3	4
16	たやすく　決断できる	1	2	3	4
17	役に立つ，働ける人間だと思う	1	2	3	4
18	生活は　かなり充実している	1	2	3	4
19	自分が死んだほうが　ほかの者は楽に暮らせると思う	1	2	3	4
20	日頃していることに　満足している	1	2	3	4

● [合計点の出しかた]　項目番号2，5，6，11，12，14，16，17，18，20については逆転項目ですので，4点→1点，3点→2点，2点→3点，1点→4点に変えて，それ以外の項目については○をつけたところの点数のままにして，20項目すべての得点を足して下さい。
● [結果のみかた]　→8ページ

（三京房　承認済）

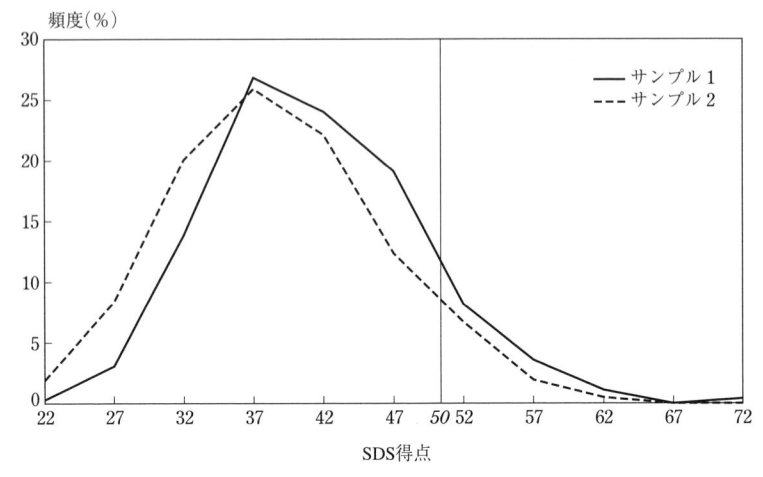

図1-1 SDSの得点分布

SDSの可能な得点範囲は20から80.
ピークが低得点にずれているものの，左右対称に近い分布をする．
サンプル1の平均＝41.3，標準偏差＝7.5；サンプル2の平均＝38.3，標準偏差＝7.4．

「最近の」あなたの調子がはかられているのです．調子の悪いときもあれば，調子の良いときもあるはずです．今回得点が高くてもすぐに心配する必要はありません．ただし，得点の高い状態（目安として50点以上）が続くようであれば（たとえば，2，3週間後に再度SDSをやってみてそのときも50点以上であったならば），専門家に相談してみる必要があるかもしれません．あとにみるように，「抑うつ」は本当にありふれた，誰でもかかりうる（あるいはかかっている）「こころのカゼ」なのです．カゼにかかれば医者に行くのは当然のこと．こころの不調が続くならば，医者やカウンセラーに相談してみるのもよいでしょう．ですが，ここであわてて自分を診断してしまうまえに，このテストのもっている意味や，抑うつのしくみについて，もっとじっくり考えてみましょう．

「抑うつ」の3つの意味　これまでも「抑うつ」という言葉を使ってきましたが，「抑うつ」（英語でdepression）は，「**抑うつ気分**」「**抑うつ症状**」「**うつ病**」の異なる3つの意味で使われます．

　まず，「抑うつ」は「**抑うつ気分**」つまり，滅入った（悲しくなった，憂

うつになった，ふさぎ込んだ，落ち込んだ）気分を意味するのに使います．抑うつ気分には一時的な気分の変化から，2週間以上持続するものまであります．抑うつ気分の程度はビジュアル・アナログ・スケール（VAS）という尺度で測定します．VASでは，10センチの線上の端から端を「もっとも強い抑うつ感」から「正常状態」とし，被験者に自分の抑うつ気分がどれくらいの程度かを指し示してもらうものです．

一方，「**抑うつ症状**」は抑うつ気分とともに生じやすい状態で，抑うつ気分のほかにも，興味を失う，疲れやすい，自殺をしたいと思う，ものごとに集中できない，食欲や体重が大幅に増えたり減ったりする，将来について悲観的に考えることなどが含まれます（おもな抑うつ症状とその説明を表1-1に載せました）．先ほどのSDSはこの抑うつ症状の程度を測定するものでした．

「**うつ病**」という言葉がありますが，これは抑うつ症状とは異なる概念です．つまり，表1-1にあるような抑うつ症状は，うつ病以外の病気（たとえば，アルコール依存や統合失調症）によっても生じることがあるからです．また，うつ病のおもな症状は抑うつ気分ですので，落ち込んだ気分がすぐに消えてしまうのでは「病気」とは言えませんし，落ち込んではいるけれども，他に何の問題もなく日常生活を送っているのであれば，「病気」と判断するわけにはいきません．したがって「うつ病」と判断するためには，以下の点を満たす必要があると言えます．(a)抑うつ気分が一定期間持続すること，(b)抑うつ気分に関連したいくつかの抑うつ症状が存在すること，(c)器質的原因（体の状態による原因，たとえば脳炎，てんかんなど）や物質性の原因（アルコールやその他の薬物）によって抑うつ症状が生じたものではないこと，(d)統合失調症などの精神疾患に該当しないこと．

たとえば，うつ病はアメリカ精神医学会の作成した「精神疾患の診断・統計マニュアル」（DSM-IV）[4]では，表1-2のような状態と定義されています．DSM-IVでは，9つの症状が，うつ病の診断基準として取り上げられています（DSMについては巻末解説2を見てください）．また，この診断基準では，抑うつ症状が2週間以上持続していることを条件としています．この条件は疾患状態を正常から分けるという医学的な必要からつくったものですが，持続期間の基準を「2週間」とすることについて根拠となる研究は見

表1-1 おもな抑うつ症状とその説明

抑うつ気分：滅入った（悲しくなった，憂うつになった，ふさぎこんだ，落ち込んだ，空虚な）感じ
興味喪失：ふだん楽しんでいるもの（たとえば仕事や友人づきあいや，趣味など）に興味を失ったり，以前に比較して楽しくなくなったりすること
自信や自尊心の喪失：自分に力がないと考えたり，自分が嫌になったり，自分は生きる値打ちがないと思ったりすること
過剰で不適切な自責感または罪責感：今までにあんな事をしてしまったと後悔したり，あんなことをやるべきだったと自分を責めること
絶望感：これからのことや将来に対して悲観的に考えること
涙もろさ：涙もろくてすぐ泣いたりすること
不満感：自分のこと，回りの人のこと，環境のことなどにイライラしたり，恨んだり，怒ったり，あるいは何故こんななのかと不満を感じたりすること
依存性：回りの人や家族や友人からなぐさめてもらいたいと感じること
自己憐憫感：例えば自分だけどうして巡り合わせが悪いのだろうとか，不幸な星のもとに生まれたとか，自分がひどくあわれでかわいそうに感じること
易疲労性：いつも疲れているような感じ，気力がなくなること
集中困難：ものごとに集中できず，思考力や決断力が低下すること
精神運動性制止または焦燥：落ち着かず，イライラして，ひとつの所に座っていられなかったり，いつも動いていたり，目的もないのにあちこち歩き回っていたりすること（焦燥）．
あるいは，ふだんに比べて動き方や話し方がゆっくりになること（制止）．
活動減退（気力の低下または活動性の減退）：ふだんと比べてやる気がなかったり，活動や口数が少なかったりすること
社交からの引きこもり：職場の人や友達などと話すのがおっくうになったり，なるべく人と会うのを避けるようになったりすること
自殺念慮・企図：死または自殺について繰り返し考えたり，実際に行動に移してしまうこと
不眠または過眠：ふだんに比べて眠れなかったり，逆にふだんに比べて寝すぎたり，日中ウトウトしたりすること
食欲・体重の大幅な増減：食欲が落ち，無理に食べなければならなかったり，体重が減ったりすること．あるいは食欲が増えて，ふだんより食べすぎたり，体重が増えたりすること
心気的憂慮：わずかなものでも身体の症状が気になったり，悪い病気の前徴ではないかと苦にしたりすること

表1-2　DSM-IVによるうつ病の診断基準（文献（4）を一部改変）

A 以下の症状のうち5つ（またはそれ以上）が同じ2週間の間に存在し，病前の機能からの変化を起こしている；これらの症状のうち少なくとも1つは，①抑うつ気分または②興味または喜びの喪失である
  (1) 患者自身の言明（例えば，悲しみまたは，空虚感を感じる）か，他者の観察（たとえば，涙を流しているように見える）によって示される，ほとんど1日中，ほとんど毎日の抑うつ気分 **[抑うつ気分]**
  (2) ほとんど1日中，ほとんど毎日の，すべて，またはほとんどすべての活動における興味，喜びの著しい減退（他者の言明，または他者の観察によって示される）**[興味喪失]**
  (3) 食事療法をしていないのに，著しい体重減少，あるいは体重増加，またはほとんど毎日の，食欲の減退または増加 **[食欲・体重の大幅な増減]**
  (4) ほとんど毎日の不眠または睡眠過多 **[不眠または過眠]**
  (5) ほとんど毎日の精神運動性の焦燥または制止（他者によって観察可能で，ただ単に落ち着きがないとか，のろくなったという主観的感覚ではないもの）**[精神運動性焦燥または制止]**
  (6) ほとんど毎日の易疲労性，または気力の減退 **[易疲労性]**
  (7) ほとんど毎日の無価値感，または過剰であるか不適切な罪責感（妄想的であることもある），（単に自分をとがめたり，病気になったことに対する罪の意識ではない）**[罪責感]**
  (8) 思考力や集中力の減退，または，決断困難がほとんど毎日認められる（患者自身の言明による，または，他者によって観察される）**[集中困難]**
  (9) 死についての反復思考（死の恐怖だけではない），特別な計画はないが反復的な自殺念慮，自殺企図，または自殺するためのはっきりした計画 **[自殺念慮・企図]**
B 症状は混合性のエピソードの基準を満たさない※
C 症状は臨床的に著しい苦痛または，社会的，職業的，または他の重要な領域における機能の障害を引き起こしている
D 症状は，物質（例：乱用薬物，投薬）の直接的な生物学的作用，または一般身体疾患（例：甲状腺機能低下症）によるものではない
E 症状は死別反応ではうまく説明されない．すなわち，愛する者を失った後，症状が2カ月をこえて続くか，または，著名な機能不全，無価値感への病的なとらわれ，自殺念慮，精神病性の症状，精神運動制止があることで特徴づけられる

※ 混合性のエピソードとは，1週間のうちに躁状態とうつ状態とを繰り返す疾患．

あたりません．正常とうつ病との線引きは，微妙で難しいものなのです．

これらの診断基準で，はじめにみた，かずみさんの訴えを診断してみましょう．かずみさんは「ずっと落ち込んで」います（**抑うつ気分**）．「夏前」から「秋」までなのでかなり長い間と言えます．「寝ようとしても全然寝られない」と訴え（**不眠**），さらに，「こんなだったら，わたしだけ来るんじゃなかった．自分だけ受かって，自分だけ東京に来て」と，大学に受かったことにさえも，過剰なほどに自責感や罪悪感をもっています（**罪責感**）．「近頃何も食べ」ず，体重の減少は「げっそりやせちゃって」と他人の目からも明らかです（**食欲・体重の大幅な増減**）．かずみさんは「このまま何も食べずに死んでしまう方が」と自殺さえも考えています（**自殺念慮**）．さらに，「……」という間に見られるように，話すスピードもだいぶゆっくりになっているようです（**精神運動性制止**）．そして，このような抑うつ症状のため，「学校にもバイトにも出られないの」というように，日常生活にも支障が生じています（**機能障害**）．このように，DSM-IVの診断基準に照らしあわせると，かずみさんの状態は「うつ病」に該当するといえます．

1.2 抑うつに悩む人はどれくらいいるのか

かずみさんのような状態はよくあるものだと思いますが，現在世界的に用いられている診断基準では，うつ病と診断されるのです．では，実際どれくらいの人がうつ病にかかっている（かかったことがある）のでしょうか．欧米で行われた調査[5][6][7]をみると，うつ病の生涯有病率はおよそ10%程度です．つまり，約10人に1人が，調査時点までの生涯で，1回以上，うつ病の診断基準を満たすような状態になったことがあるのです．日本での調査の報告は少ないのですが，ある地方都市での調査（対象者数207人）では[8]，うつ病の生涯有病率を15.0%と報告しています．また別の地方都市での青少年を対象とした調査（対象者数119人）では[9]，うつ病の生涯有病率を23.5%と報告しています．うつ病ですらこのようにありふれた疾患なのですから，それより軽度の抑うつがいかにありふれたものであるかは容易に想像できます．

ここで，先ほどのSDSで一般の人がどのような得点をとったかについて

みてみましょう．図1-1（10ページ）をもう一度見て下さい．サンプル1，2はいずれも大学生なので，特に大学生の人には自分の得点が全体でのどのあたりに位置するかがわかると思います．おおむね，SDSについては50点以上で抑うつ状態と判断されます[3]．ちなみに，上記の基準で抑うつ状態と判断される人は，サンプル1では9.2％，サンプル2では7.4％でした．10人に1人くらいは，SDSを実施した当時，かなり落ち込んでいたといえます．

このように，多くの人が抑うつにかかったことがある（かかっている）と言えます．抑うつはまさに，抑うつは誰でもかかりうる「こころのカゼ」なのです．

1.3　どうして抑うつになるのか

それでは，なぜ人は落ち込むのでしょう．そして，なぜ同じような悲しい目にあったのに，あまり落ち込まずにいられる人と，ひどく落ち込んでしまう人がいるのでしょうか．この疑問に，さまざまな研究者が独自の「回答」（理論）とそれを検証した研究結果を報告しています．ここでは，それらの理論の中から，エイブラムソンらの「帰属理論」，ベックらの「認知の歪み理論」，そしてピズンスキーとグリーンバーグの「抑うつ的自己注目スタイル理論」を紹介します．

1.3 (1)　エイブラムソンらの「帰属理論」

帰属理論——原因を何のせいにするかで抑うつになるかどうかが決まる
エイブラムソンらは，人が抑うつになったりならなかったりするのは，「ものごとの原因をなんのせいにするか」によって決まる，と考えました．1978年にエイブラムソンらは「改訂学習性無力感理論」を発表し[10]，10年後にその発展型である「絶望感理論」を発表しました[11]．これらの理論は多くの研究を生み出し，抑うつの実証的研究の流れを常にリードしてきました．

そこで，まず最初に，これらの理論について見ていきましょう．

この出来事の原因は何だろう（「原因帰属」）　たとえば，「あなたは友達に外見をほめられた」という場面を想像してみてください．あなたはこの原因

が何だと思いますか．また，「仕事を探しているがなかなか見つからない」という場面を想像してみてください．あなたはなんで仕事が見つからないと思いますか．**テスト1-2**の質問に答えてください．

さて，場面①の質問（a）にはどのように回答したでしょうか．「わたしが美しいから」あるいは「服や髪型のセンスがいいから」と考えた人もいるでしょう．中には「たまたまセンスのいい服を着ていたから」とか「何か相手に下心があるから」とか答えた人もいるでしょう．場面②の質問（a）はどうでしょうか．仕事がみつからないのは「単に景気が悪いから」と考える人もいるでしょう．あるいは，「もともと能力がなくて筆記や面接で落とされるから」とか「いつも面接試験で緊張してしまうから」とか考える人もいるでしょう．

場面①のような良い結果に対して，それが「たまたま」であったと考えたり，「相手の下心のため」と考えたりすれば，自分に自信はつきません．また，場面②のような悪い結果に対して，自分は「もともと」「いつも」その結果を生み出すようにできているのだと考えてしまえば，当然落ち込んでしまいます．

出来事の原因を何のせいと考えるかで，その後生じる感情や行動は異なりますが，抑うつの「帰属理論」でも，出来事の原因がどのようなものにあると考えるか（つまり何に「帰属」させるか）によって，抑うつになったりならなかったりすると考えています（帰属理論については，巻末解説3を見て下さい）．場面①の質問（b）(c)(d)で低い数字に○をつけたり，場面②の質問（b）(c)(d)で高い数字に○をつけた人は，自分を抑うつ的な状態にさせてしまうようにものごとの原因を考えやすい傾向（**帰属スタイル**）があるかもしれません（のちに詳しく述べます）．では帰属理論では，ものごとの原因の考えかた（原因帰属）と抑うつとの関係をどのように述べているのでしょうか，みていきましょう．

「どうせ何をやってもムダだ」という心理——「改訂学習性無力感理論」

車の渋滞にはまるのは誰だって嫌ですよね．左の車線が動いたと思ってウインカー出して左車線に入ると，今度は右車線がスイスイ，自分の車線はストップ．「よし，今度は右側か」と思って右に車線を変えると，今度は左側が

●テスト1-2　帰属スタイル質問紙（ASQ）の例

場面①　あなたは友達に外見をほめられました

(a) 最大の原因をひとつだけ書いて下さい（　　　　　　　　　　　　　）
(b) この原因は，あなた自身の要因に関係していますか．それとも，他者や周囲の状況に関係していますか．

| 完全に他者や周囲の状況に関係している | 1-2-3-4-5-6-7 | 完全に私自身の要因に関係している |

(c) この原因は，今後の友達とのつき合いの上で起こる出来事の原因となるでしょうか．

| 今後二度と原因とはならない | 1-2-3-4-5-6-7 | 今後も必ず原因となる |

(d) この原因は，友人とのつき合いという特定の状況だけに影響する原因ですか．それとも，あなたの生活全般に影響する原因ですか．

| この特定の状況だけに影響する | 1-2-3-4-5-6-7 | 私の生活全般に影響する |

場面②　あなたは仕事を探していますが，なかなか見つかりません

(a) 最大の原因をひとつだけ書いて下さい（　　　　　　　　　　　　　）
(b) この原因は，あなた自身の要因に関係していますか．それとも，他者や周囲の状況に関係していますか．

| 完全に他者や周囲の状況に関係している | 1-2-3-4-5-6-7 | 完全に私自身の要因に関係している |

(c) この原因は，今後，仕事を探す際に起こる出来事の原因となるでしょうか．

| 今後二度と原因とはならない | 1-2-3-4-5-6-7 | 今後も必ず原因となる |

(d) この原因は，仕事を探すという特定の状況だけに影響する原因ですか．それとも，あなたの生活全般に影響する原因ですか．

| この特定の状況だけに影響する | 1-2-3-4-5-6-7 | 私の生活全般に影響する |

●［結果のみかた］　→16ページ，20ページ，22ページ

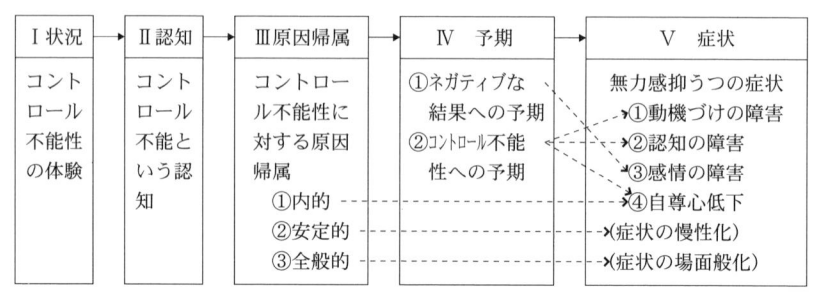

I 状況	II 認知	III 原因帰属	IV 予期	V 症状
コントロール不能性の体験	コントロール不能という認知	コントロール不能性に対する原因帰属 ①内的 ②安定的 ③全般的	①ネガティブな結果への予期 ②コントロール不能性への予期	無力感抑うつの症状 ①動機づけの障害 ②認知の障害 ③感情の障害 ④自尊心低下 (症状の慢性化) (症状の場面般化)

図1-2 改訂学習性無力感理論 [10]

スイスイ.「あ～どうすりゃいいの」と,運転を投げ出したくなります.

自分のとる行動で結果をコントロールできないと,動物でも人間でもやる気を失います.この現象は,行動で結果をコントロールできないことを学習した結果生じる無力感という意味で「**学習性無力感**」と呼ばれています(学習性無力感については巻末解説4をみてください).当初は,この「コントロール不能性を学習すること」が抑うつの原因であると考えられていました[12].

しかし,人間に限っていえば,自分の行動に結果が伴わないからこそがんばる場合もあるはずです.また,天気などは自分の思いどおりになるはずないのですが,そんなことでいちいち落ち込んだりしません.では,同じように「行動で結果をコントロールできない場面」でも,落ち込んだりやる気がなくなったりする場合と,そうでない場合があるのはどうしてでしょうか.

そこで出てきたのが,エイブラムソンらの「**改訂学習性無力感理論**」[10]です.この理論では,コントロール不能性の学習そのものが抑うつを生み出すのではなく,コントロールが不能だという結果の原因が何だと思うかで抑うつが生じるかどうかが決まると考えています.以降,図1-2にそって,この理論について見ていきましょう.

「何をやってもダメだ」と思うことが抑うつの始まり(I 状況→II 認知)
改訂学習性無力感理論では,自分ではコントロールできないという経験(「I コントロール不能性の体験」)が,抑うつを生じさせるきっかけであるとしています.たとえば,「いくら勉強しても試験に合格できない」ような場合,

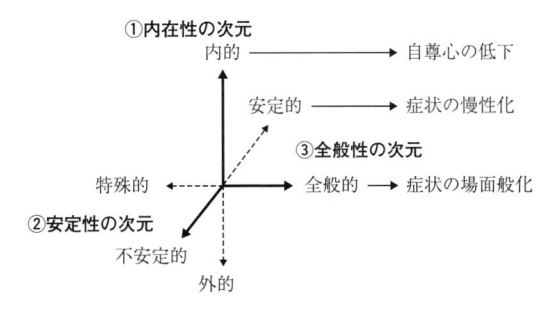

図1-3 原因帰属の3つの次元と無力感症状の関連

あるいは「車線変更しても渋滞にはまってしまう」ような場合，行動（勉強，車線変更）と結果（合格，渋滞脱出）とは結びついていません．このように行動と結果が結びつかないことを，心理学では「コントロール不能性」とか「非随伴性」とか呼びます．

しかし，これだけでは抑うつにはなりません．まず，行為者本人が「何をやってもムダ」であると思うことが必要です（「II コントロール不能という認知」）．「車線変更をうまくやれば，絶対早く着ける」と信じていれば，多少の労はいとわず車線変更を続けるでしょう．また「努力すれば自分は合格する」と信じていれば，勉強を続けるでしょう．コントロール不能だと思うことが，抑うつの発生には必要なのです．

「原因帰属」の3次元——自分のせいか，いつもそうか，別の場面でもそうなのか（II認知→III原因帰属） しかし，「何をやってもムダ」であると思ったとしても，すぐに抑うつになるわけではありません．コントロール不能性の原因をどう考えるか（「III コントロール不能性に対する原因帰属」）が重要なのです．エイブラムソンらは原因帰属について分析するために，図1-3の3つの次元を仮定しました．

まず，コントロール不能の原因が，自分にある（内的）のか，自分以外にある（外的）のかという次元（**内在性の次元**）が考えられます．たとえば，「努力」「能力」「性格」「苦手意識」「気分」などは，自分の内部にある「内的要因」の例，「運」「他の人の性格や行動」「社会制度」などは自分の外部にある「外的要因」の例です．つぎに，ある原因が，コントロール不能とい

う結果をいつも引き起こしうるのか(安定的),そうでないか(不安定的)という次元(**安定性の次元**)が考えられます.「能力」「性格」や「苦手意識」は時間がたっても容易には変わらない「安定的な要因」ですが,「気分」や「努力」は時と場合で変化しうる「不安定的な要因」と言えます.最後に,コントロール不能の原因が,別の場面でもコントロール不能という結果を引き起こす原因となりうるか(全般的),あるいはその場面に限られたものか(特殊的)という次元(**全般性の次元**)が考えられます.「能力」「性格」や「努力」は別の場面でも同じ結果を生じさせやすく(例えば,性格が悪いから別の人にも嫌われる,努力しないなら別のことでも失敗する)「全般的な要因」ですが,「苦手意識」や「気分」は別の場面では同じ結果を生じさせるとは考えにくく,「特殊的な要因」といえます.17ページの**テスト1-2**では,この「原因帰属の3次元」を測定しています.つまり,(b)は内在性の次元を,(c)は安定性の次元を,(d)は全般性の次元を,それぞれ測定しています.

原因の考えかたが抑うつを生み出す (III 原因帰属→IV 予期→V 症状)

コントロール不能性が,過去のもの,あるいは一時的なものだと考えられるうちは抑うつにはなりません.しかし,たとえば数学のテストで失敗した結果を「もともと自分は頭が悪いんだ」と能力の低さに帰属する場合のように,コントロール不能性を「内的・安定的・全般的な要因」に帰属すると「将来もコントロールできないだろう」という「将来における無力感予期」が生じます.無力感予期とは,①将来,いやなことがおこるのではないかと思う,または,望ましいことがおこらないと思うこと(ネガティブな結果への予期)と,②ネガティブな出来事を自分の行動によってはコントロールできないだろうと思うこと(コントロール不能性への予期)から成り立っています.

改訂学習性無力感理論では,このようにして生じた無力感予期のため,その人は「無力感抑うつ」になりやすいと考えています.「無力感抑うつ」とは,エイブラムソンらの理論で仮定されている抑うつのひとつのタイプで,無力感が原因で生じた抑うつのことです.抑うつには,症状,経過,原因,治療に対する反応のしかた,遺伝的・生物学的な要因の違いなどによって多くのタイプが考えられていますが,エイブラムソンらは,このうち「無力感

「抑うつ」という1タイプを仮定しているのです．

無力感抑うつの症状は，①やる気がおきないという「動機づけの障害」，②考え方やものごとの解釈のしかたが抑うつ的になるという「認知の障害」，③落ち込んだ，悲しい，むなしいなどの気持ちがする「感情の障害」，④自分が嫌になったり自信をなくしたりする「自尊心の低下」の4つです．

原因帰属の3次元と無力感抑うつの関係（III 原因帰属→V 症状） 原因帰属のしかたと無力感抑うつとの関係については，以下のように考えられています．コントロール不能の原因がいつもそうだと（安定的）帰属されれば無力感の症状が長引き（慢性化），どこでもそうだ（全般的）と帰属されれば無力感症状が多くの状況で生じるようになり（場面般化），自分のせいだと（内的）帰属されると自尊心の低下が伴います．

たとえば，数学の試験でどう努力してもよい点が取れない生徒が，その原因を「だいたい自分の頭が悪いからできないんだ」と自分の「能力不足」（内的・安定的・全般的原因）のせいにしたとします．このような場合，無力感が生じ抑うつになりやすくなります．そして，「自分の」能力不足で失

表1-3 原因帰属:数学の試験で失敗した生徒の例

③全般性の次元		②安定性の次元	①内在性の次元	
			内的	外的
	全般的	安定的	私は頭が悪いから	先生が難しい問題を出したから
		不安定的	疲れて努力不足だったから	きょうは13日の金曜日だったから
	特殊的	安定的	数学が苦手だから	数学の試験はいつも不公平だから
		不安定的	風邪をひき計算力が鈍っていたから	試験会場が蒸し暑かったから

敗したのだから（内的），失敗に伴って自尊心が低下するでしょうし（自尊心の低下），つぎの，そのつぎの数学のテストもダメだと考え（安定的），ずっとやる気が起きなくなるでしょうし（無力感の慢性化），「数学以外のテストもどうせできないや」（全般的）と思って，他の教科の勉強もやらなくなるでしょう（無力感の場面般化）．

しかし，同じ数学の試験の失敗を「数学だけは苦手だから」（内的・安定的・特殊的）と考えると，数学のテスト勉強はやる気がおきないでしょうが，数学以外の教科ならやる気がおきるでしょうし，「たまたま体調が悪くて，頭が働かなかったから」（内的・不安定的・特殊的）と考えると，つぎの数学のテストではがんばって勉強するでしょう．表1-3には，数学の試験に失敗した生徒が，自分の失敗の原因を帰属する8つのしかたを示しました．能力不足のように，①内的・②安定的・③全般的に帰属した場合，無力感は最も強くなると考えられます．逆に，「試験会場が蒸し暑かったから」のように，①外的・②不安定的・③特殊的と帰属するほど，無力感は弱くなります．**出来事の原因を何に帰属するかという帰属のしかたに個人差があるので，**同じ体験をしても抑うつになる人とならない人が出てくると説明されます．

テスト1-2についていうと，②の質問で，「完全に自分が原因になっている」，「今後も必ず原因となる」，「私の生活のすべての状況に影響する」と答えた人は，その出来事に対して内的，安定的，全般的な帰属をしたといえます．実際のネガティブな出来事に対しこのような帰属をした場合，抑うつに

```
←----末梢原因----------------------中心原因---→
```

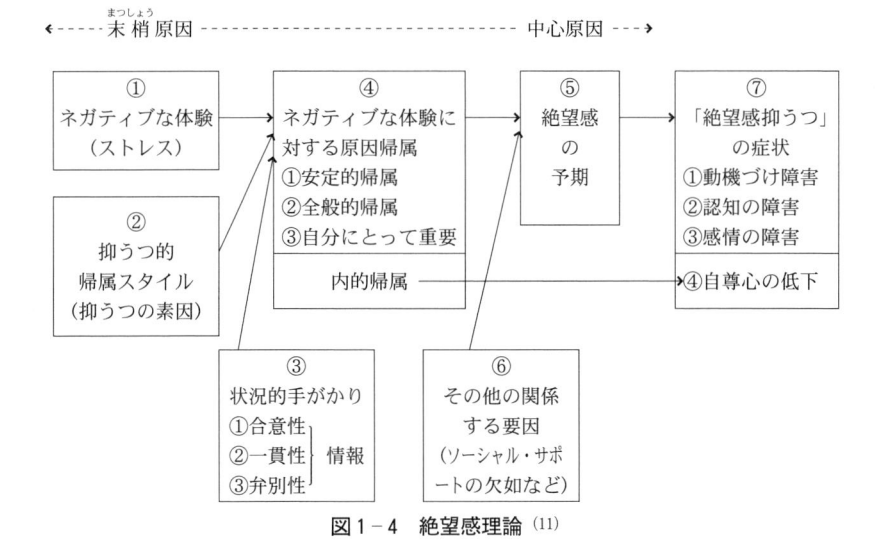

① ネガティブな体験 (ストレス)	→	④ ネガティブな体験に対する原因帰属 ①安定的帰属 ②全般的帰属 ③自分にとって重要	→	⑤ 絶望感の予期	→	⑦ 「絶望感抑うつ」の症状 ①動機づけ障害 ②認知の障害 ③感情の障害
② 抑うつ的帰属スタイル (抑うつの素因)		内的帰属				④自尊心の低下
		③ 状況的手がかり ①合意性 ②一貫性 情報 ③弁別性		⑥ その他の関係する要因 (ソーシャル・サポートの欠如など)		

図1-4　絶望感理論[11]

なりやすいと考えられます.

改訂学習性無力感理論の発展型——「**絶望感理論**」 改訂学習性無力感理論の発表から10年を経て,エイブラムソンらはその発展型として「絶望感理論」を提唱しました.改訂学習性無力感理論とのおもな違いは,(1)「帰属スタイル」というものを仮定し,抑うつになりやすい「素因」を仮定したこと,(2) 抑うつを生じさせるきっかけは,コントロール不能な出来事ではなくてネガティブな体験であるとしたこと,(3) 実際の出来事に対する原因帰属において「内的帰属」は抑うつの発生に関係ないとしたこと,の3点です.絶望感理論について,図1-4にそって見ていきましょう.

まず,①ネガティブな体験が図の最初に来ています.改訂学習性無力感理論では,「コントロール不能な状況を経験すること」がモデルの最初にきていました (図1-2) が,絶望感理論では「コントロールできるかできないかにかかわらず,ネガティブな出来事が抑うつをひきおこすもとになる」と仮定しています.つまりポジティブなコントロール不能体験 (例えば,自分の行動と関係なく人からほめられること) は抑うつを生じさせないと考えています.

つぎに,「抑うつ的帰属スタイル」という考えが導入されました．改訂学習性無力感理論では，具体的な原因帰属についてだけ述べられていましたが，具体的な原因帰属（ある出来事の原因を実際に何に帰属したか；図1-4④）と帰属スタイル（出来事の原因をどのようなことに帰属しやすいかという傾向；図1-4②）とを明確に区別しています．抑うつ的帰属スタイルというのは，ネガティブな体験をした場合，その原因を内的（その悪い結果は自分のせいで生じた），安定的（その原因は今後も同じような場面で悪い結果を生じさせるだろう），全般的（その原因は別の場面でも悪い結果を生じさせやすいだろう）なものに帰属しやすく，逆に，ポジティブな体験をした場合，その原因を外的（その良い結果は自分のせいで生じたのではない），不安定的（その原因は今後は二度とよい結果を生じさせないだろう），特殊的（その原因は他の場面では良い結果を生じさせないだろう）なものに帰属しやすい傾向のことです．このモデルでは，この抑うつ的帰属スタイルをもつことこそが，抑うつになりやすい素因であると考えられています．

　③「状況的手がかり」は，原因帰属には，個人的特性（例：帰属スタイル）だけでなく，状況という情報そのものが影響を及ぼすことがわかってきたために新たにつけ加えられた要因です．ここではケリーの帰属理論[13]の考え方を大幅に取り入れて，合意性（他の人はどうだったか）・一貫性（その人はいつもそうなのか）・弁別性（その人はほかの場面でもそうなるのか）という3次元の情報を考えています．簡単に典型だけを述べると，ネガティブな体験に対して原因帰属する場合，その状況についての情報として，合意性が低く（例えば，他の人はよくできているのに，自分だけは数学の試験に失敗した），一貫性が高く（例えば，いつも数学の試験には失敗する），弁別性が低い（例えば，数学だけでなく他の教科の試験にも失敗する）ときに，その体験は内的・安定的・全般的な要因に帰属されやすくなります（ケリーの帰属理論については巻末解説3を見てください）．

　④「ネガティブな体験に対する原因帰属」についても，改訂学習性無力感理論とはいろいろな違いがあります．まず，内在性の次元（内的か外的か）は，抑うつ症状が起こることとは関係がないとして削除されました．また，その人にとっての「重要性の次元」が追加されています．さらに，原因帰属のしかたには，①ネガティブな出来事の性質，②抑うつ的帰属スタイル，③

状況的手がかりの3つの要因が相互に関係するとされています.

⑤「絶望感の予期」については,改訂学習性無力感理論と同じであり,「ネガティブな結果への予期」と「コントロール不能性への予期」からなっています.

⑥「その他関係する要因」.改訂学習性無力感理論と異なり,絶望感理論では,絶望感をもたらすものは,原因帰属だけではなく,他にもいろいろありうることを認めています.たとえば,まわりにサポートしてくれる人がいないこと(ソーシャル・サポートの欠如)などがあげられます.

⑦「絶望感抑うつの症状」についても改訂無力感理論とほぼ同じです.抑うつの発生には様々な原因があります.この理論では,抑うつのいくつかのタイプのうち,絶望感予期がもたらす抑うつのことを特に「絶望感抑うつ」と呼び,説明の対象としています.

1.3 (2) ベックらの「認知のゆがみ理論」

「ネガティブなゆがみ」は抑うつの素　あなたは,ちょっとした失敗や人からの非難をシリアスに受け取りすぎて落ち込んだりしたことはありませんか.例えば,恋人から冷たくされたとか,授業での発表がうまくいかなかったとか,あるいはアルバイトでミスをして怒られたとかで,その後ずっと暗い気持ちでいたことはないでしょうか.まず,**テスト1-3**にある質問に答えてみて下さい.

テスト1-3のみかた　これは非機能的態度尺度(DAS)と呼ばれる尺度の一部で[14],のちに説明するベックの理論での「抑うつスキーマ」をはかるものです(抑うつスキーマについては後に詳しく述べます).まず,「得点の出し方」にしたがって合計点を出してください.この尺度の得点が高いほど,抑うつを生み出すようなゆがんだネガティブな考えをしやすいといえます.筆者(坂本)が大学生を対象に行った調査では,平均30.8点,標準偏差は7.4点でした.したがって,抑うつ的なスキーマに関して38点以下の人は「特に問題ない」といえます.39点～45点の人は「抑うつ的な考えかたをしやすい」,46点以上の人は「抑うつ的な考えかたがつよい」といえるでしょう.

●テスト1-3 非機能的態度尺度 (DAS)

以下には，人に見られる様々な態度や信念が記載してあります．それぞれの文章を注意深く読んで，それがあなたに当てはまるかどうかを決めて下さい．それぞれの態度についてあなたがどのように考えているか，最もよく当てはまる番号を1～5の中から選択し，あてはまる番号を○で囲んで下さい．正しい答や間違った答があるわけではありません．たいていの場合あなたがどのようであるかということについて考えるようにして下さい．

		全くそう思わない	あまりそう思わない	どちらともいえない	ややそう思う	かなりそう思う
1	もし私がミスをしたら，私は人から軽く見られるだろう	1	2	3	4	5
2	常にうまくやっていなければ，人々は私を尊敬しないだろう	1	2	3	4	5
3	何かを失うと大損失になることが多いから，わずかな危険をおかすのもばかげている	1	2	3	4	5
4	私の知っているほとんどの人が私をほめてくれなければ，私は幸せなはずがない	1	2	3	4	5
5	他の人達と同じ位うまくできないなら，それは私が劣った人間だということである	1	2	3	4	5
6	私が仕事の上で失敗したら，私は人としても失敗者である	1	2	3	4	5
7	誰かが私の意見に同意しなかったら，それはおそらく，その人が私を好きではないということだ	1	2	3	4	5
8	私の愛する人が私を愛してくれなかったら，私には何の価値もなくなる	1	2	3	4	5
9	私の人間としての価値は，主に，他の人々が私のことをどう思うかで決まる	1	2	3	4	5
10	よいアイディアをもっている人々はそうでない人々よりも価値がある	1	2	3	4	5
11	他の人に嫌われたら，あなたは幸せではありえない	1	2	3	4	5
12	他の人々が私のことをどう思うかということはとても重要である	1	2	3	4	5

● ［合計点の出しかた］12項目全部の得点をたして下さい．
● ［結果のみかた］ →25ページ

| A
Activating Events
悩みを誘発する
出来事 | → | B
Belief
受けとりかた，考えかた，信念，認知体系
不合理的信念 | → | C
Consequence
結果としてのネガティブな感情，悩み |

図1-5 エリスのABC図式

　抑うつを生み出す不合理的な考えには，一見世間では良いもののように考えられている場合もあります．たとえば，「私の愛する人が私を愛してくれなかったら，私には何の価値もなくなる」という考えや「他の人に嫌われたら，あなたは幸せではありえない」という考えは，自己犠牲的であり，望ましいようにも思えます．しかし，いつもこの考えかたで生きていくと，人にばかり気をつかって疲れ切ってしまいます．「不合理的な考え」といわれるものには一見望ましいものもありますが，自分を疲れさせてしまうまでその考えに縛られることは，やはり不合理なことでしょう．

　認知のゆがみ理論では，抑うつ的になりやすい人は，不合理な信念をもっており，そのためネガティブな出来事をよりネガティブな方向にゆがめて解釈して落ち込んでしまうのだと説明されます．

　たとえば，恋人から冷たくされた場合を考えてみましょう．「恋人ならいつも必ず私にあたたかくしてくれるはずだ，あたたかくするべきだ」という信念をもっている人は，恋人からあたたかくされなかったとき，「あの人が私に冷たいのは，あの人が私のことを愛していないからだ」と考えてしまうでしょう．本当は，その恋人の虫の居所が悪かったためにあなたに冷たくしたのかもしれません．人に対して「いつも必ず」親切にすることはかなり難しいことで，「恋人ならいつも必ずあたたかくするべきだ」という考えかたは合理的なものとはいえません．不合理的な信念をもつ人はその信念のためにゆがんだ考えをしがちで，それが落ち込みの原因となるのです．ここでは，認知のゆがみを抑うつの原因だと考えるベックの理論を中心に説明します．

　エリスのABC図式　ベックの理論は，エリスのABC図式（図1-5）をもとにしています．まずこれから見てみましょう．

　エリスによると[15]，抑うつ（C）をもたらすものは，悩みを誘発する出

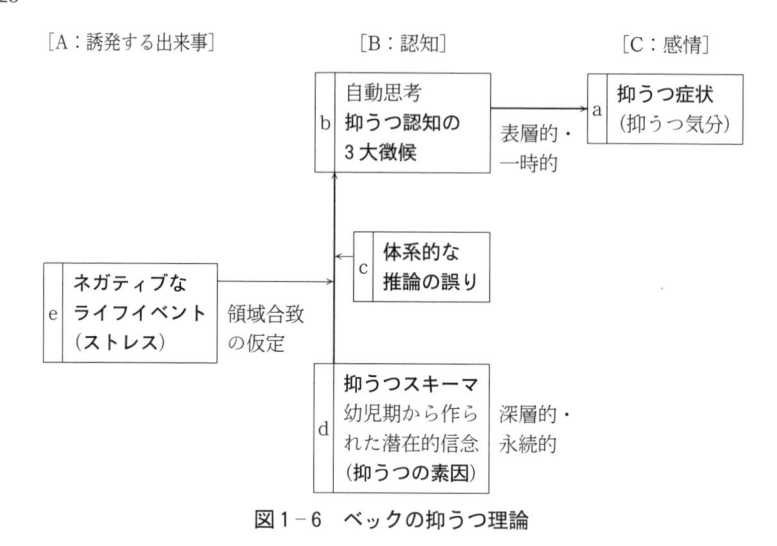

```
                [A：誘発する出来事]        [B：認知]              [C：感情]

                                    ┌──────────┐              ┌──────────┐
                                  b │ 自動思考   │  表層的・   a │ 抑うつ症状 │
                                    │ 抑うつ認知の│  一時的      │ (抑うつ気分)│
                                    │ ３大徴候   │              └──────────┘
                                    └─────▲────┘
                                          │
  ┌──────────┐                    ┌──────────┐
  │ ネガティブな│                  c │ 体系的な   │
e │ ライフイベント│ 領域合致──────→  │ 推論の誤り │
  │ (ストレス) │  の仮定            └──────────┘
  └──────────┘                          ▲
                                          │
                                    ┌──────────┐
                                    │ 抑うつスキーマ│
                                  d │ 幼児期から作ら│ 深層的・
                                    │ れた潜在的信念│ 永続的
                                    │ (抑うつの素因)│
                                    └──────────┘
```

図１-６　ベックの抑うつ理論

来事（A）そのものではなく，その受け取りかた，考えかた，信念などの認知のしくみ（B）です．エリスの理論では，**不合理な信念**が抑うつを生じさせる認知のしくみだとしています．少し悪い方向に進むと「完全にダメだ」と思うか，「しなければならないことができない人間は，生きるに値しないダメな人間だ」などの極端な考えかたが，抑うつを発生させる不合理な信念といえます．エリスはクライエントの不合理な信念を徹底的に論駁することで変えようとする「論理情動療法」を開発した人として知られています．

ベックの認知のゆがみ理論──認知のしかたを変えて抑うつをおさえる
1967年に発表されたベックの認知のゆがみ理論[16]は，それまでの抑うつ観を一変させました．従来，抑うつの本質は感情の障害であって，認知的障害（例：過剰な自責感をもつ），動機づけ的障害（例：やる気がおきない），行動的障害（例：話しかたや動きかたがゆっくりになる）や生物学的な症状（例：食欲がなくなる）などは，二次的なものであると考えられていました．このような考えかたでは，感情を何らかの手段（抗うつ薬や精神療法）で直接コントロールすることで，抑うつを治そうとします．

　ベックの考えかたはこれとは違い，抑うつの本質は**認知の障害**であって，感情の障害はそこから二次的に生じるものだと考えています．つまり，抑う

つ感情(図1-6のa)は抑うつ的なものの見かたから生じてくるのです．抑うつ感情は直接抑えるものではなく，抑うつ的な認知を変えることでおさえることができます．この考えがベックの認知療法の基礎になっています．

ベックの理論は，図1-6のように表すことができます．この図はエリスのABC図式と同じように，抑うつ感情(C：Consequence)を生み出すものは，外界の出来事(A：Activating Events)そのものではなくて，その出来事に対する認知(B：Belief)であることを示しています．そして〈B：認知〉の部分は3つのレベルに分けて考えられます．3つのレベルとは，(b) 自動思考，(c) 推論の誤り，(d) 抑うつスキーマ(図式) です．

自動的に浮かんでくるネガティブな考え——自動思考のレベル(b) 抑うつ症状(a)は，自分の意志とは関係なく意識にのぼってくる，ネガティブにゆがんだ考え(自動思考：b)によってもたらされます．自動思考とは文字どおり「自動的に」脳裏に浮かんでくる考えで，あれこれ熟考の末に至った結論ではありません．たとえば，授業での発表がうまくいかなかったときに自動的に(何の根拠もないのに)「あぁ，自分はやはり無能なのだ」と思ってしまうことです．ここでいうネガティブな自動思考とは，自分に自信がもてなくなったり，まわりとの関係をネガティブに考えたり，未来を悲観的に考えたりすることです．抑うつを生み出す自動思考は，自己・世界・未来という3つの領域にわたってネガティブな思考内容で占められており，**抑うつ認知の3大徴候**と呼ばれています．

ゆがめてネガティブに解釈してしまう——推論の誤りのレベル(c) 自動思考(b)は，体系的な推論の誤り(c)から生じると考えられています．抑うつ的な人の推論は独特であり，つぎのような**体系的な推論の誤り**がみられます．

①証拠もないのにネガティブな結論をひきだしてしまう．たとえば，恋人から冷たくされただけで「もう終わりだ」と，根拠がないのにネガティブな結論をひきだすようなことです．このような推論の誤りを「**恣意的推論**」といいます．

②最も明らかなものには目もくれず，ささいなネガティブなことだけを重

視してしまう．たとえば，自分の推薦書のなかにたったひとつ悪い点があっただけで，「自分は悪く思われている」と結論してしまうことです．これを「選択的注目」といいます．

③わずかな経験から，広範囲のことを恣意的に結論してしまう．たとえば，数学の試験に失敗した学生が，「他の科目の試験も絶対に合格しない」と思いこんでしまう．これを「過度の一般化」といいます．

④ものごとの重要性や意義の評価を誤ってしまう．たとえば，若いときの仕事の失敗を拡大解釈して，「自分の仕事はうまくいっていない」というように，自分の業績のすべてを過小評価してしまうことです．これを「拡大解釈と過小評価」といいます．

⑤自分に関係のないネガティブな出来事を，自分に関係づけて考えてしまう．たとえば，友だちが肺ガンで死んだときにその人の死を自分のことと結びつけて，「もし私がタバコをやめるように忠告しておけば，彼は肺ガンで死ぬことはなかったのに」と考えてしまうことです．これを「個人化」といいます．

⑥ものごとに白黒をつけないと気がすまない．ものごとは完璧か悲惨かのどちらかしかないかのように極端に考えてしまう．「もし恋人が去ってしまったら，私は死ぬしかない」といった極端な考えかたで，これを「完全主義的・二分法的思考」といいます．

ネガティブ思考の源泉——抑うつスキーマのレベル(d) 抑うつスキーマとは，自動思考（と，その後の抑うつ）を生じさせる，より深層にある信念や態度のことをさしています．抑うつ的な人のスキーマは独特なネガティブなものであり，これをもっている人は，「〜すべきである」や「いつも〜だ」「〜か〜かのどちらかしかない」といった考えかたをよくします．抑うつスキーマは幼児期のネガティブな体験などによって形成されると考えられています．抑うつスキーマはふだん（落ち込んでいないとき）はあたまのなかに潜在し，何も問題が起きることはありません．しかし，抑うつスキーマをもつ人がネガティブな出来事を体験すると，それによって抑うつスキーマが活性化され，その結果，ネガティブな自動思考が生じます．たとえば，抑うつ的スキーマをもつ人は，まわりから親切にされているときは問題ないのです

表1-4 抑うつスキーマと自動思考

抑うつスキーマ	自動思考
抑うつ認知の原因 ＝抑うつの素因	抑うつスキーマ ＝活性の結果
意識の深層にある（潜在性）	表層にある（顕在性）
永続的・安定的	一時的・不安定
症状とともに変化しない	症状とともに変化する
抑うつ人格の特性	抑うつの状態
根本的治療	対症療法

が，まわりの人から不親切にされると「すべての人にいつも受け入れてもらわなければ，幸福にはなれない」と考えたり，仕事で失敗したときに「価値ある人であるためには，引き受けた仕事をつねに成功させねばならない」と考えたりするなど，ネガティブな出来事を経験してゆがんだ考えかたをしがちです．

また，この理論では，もともと**抑うつの素因**（抑うつスキーマ：d）をもつ人が，**ネガティブな出来事**(e)を経験して抑うつになると考えています．

抑うつスキーマと自動思考の違いは，表1-4のようにまとめることができます．

ベックやエリスの理論はセラピーにも応用され，認知療法や論理情動療法としてアメリカを中心に実践例が多数報告されています．日本にも紹介され，いくつかの著書，訳書が出版されています（章末の参考文献リストを見て下さい）．

1.3 (3) ピズンスキーとグリーンバーグの「抑うつ的自己注目スタイル理論」

自分についての考えから抜け出せないということ　冒頭に出てきたかずみさんは，慶子さんに相談してもきもちが晴れません．かずみさんは考えました．自分のどこが悪かったのだろうか．かずみさんは今，悲しくて落ち込んでいることに気づいていますが，それでもため息をつきながら考えます．「彼から嫌われるなんて自分はいったいどんな人間なんだろうか．自分のどこが悪いんだろう．」

かずみさんはやるせないきもちで街に出ました．土曜日ということもあっ

て，街には多くの恋人たちが手をつないで歩いています．そんな幸せそうな人たちを見るにつけ，「1年前は受験生だったけど，いまよりも楽しかったわ……」と，過去の記憶を思い出し，ますますブルーになっていきます．

夜は夜でなかなか眠りにつけません．浮かんでくるのは，彼との思い出とか，自分はなぜうまくいかなかったのかとか，やり直せるだろうかとか，やり直すためには自分はどうすればいいのか，とかとか……．

こんなふうに，落ち込みがちなときは，自分についてあれこれ考えてしまうものです．そこでつぎの**テスト1-4**をやってみて下さい．

テスト1-4のみかた　これは，筆者（坂本）が作成した「自己没入尺度」という尺度です[17]．自分について考えやすく，自分について考えたらなかなかそれが止まらないという特性を測る尺度です．この尺度で高い得点をとった人は，抑うつになりやすく，抑うつが続いてしまうことがわかっています[18]．筆者（坂本）が大学生を対象に行った調査では，平均点は34.1点，標準偏差は8.3点でした．したがって，43点以上の人は，このような自己没入的な傾向にあるといえるでしょう（この尺度については，あとで触れます）．

ネガティブな状況で自分を意識することが抑うつにつながる　自分自身に注意を向けることや自分について考えることは，「自己注目」と呼ばれています．そして，ピズンスキーとグリーンバーグは，自己注目に関する理論を抑うつの説明に応用し，「抑うつ的自己注目スタイル理論」を発表しました[19]（自己注目については巻末解説5を見て下さい）．ピズンスキーとグリーンバーグの自己注目理論の概略を表1-5および図1-7に示しました．

この理論によると，抑うつの発生・維持は抑うつ的な自己注目のしかた（図1-7右下の"抑うつ的自己注目スタイル"）によって説明されます．すなわち，(a) アイデンティティや自尊心のもとになる対象を失うと（例：「私のすべて」であった恋人と別れてしまう），(b) 非常に強いネガティブな感情を経験し，ふだん通りの行動がとれなくなります．そして，(c) 喪失した対象をとりもどすことに焦点を当てた自己調整が行われます（例：相手ともう一度やり直すにはどうすればよいか考え，行動してみる）．しかし，

●テスト1-4　自己没入尺度

以下の11の項目を読んで，それが自分の性質に当てはまる程度を考えて下さい．そして，最もよく当てはまるものを1つだけ選んで，選んだ番号を○で囲んで下さい．あまり考え込まずに，思うとおりに回答して下さい

		全く当てはまらない	どちらかというと当てはまらない	どちらともいえない	どちらかというと当てはまる	かなり当てはまる
1	自分のことを考えるのに没頭していることが多い	1	2	3	4	5
2	他の人との比較で，自分自身についていつまでも考え続けることがよくある	1	2	3	4	5
3	つらかった思い出をいつまでもかみしめていることがある	1	2	3	4	5
4	自分のことについて考え始めたら，なかなかそれを止めることができない	1	2	3	4	5
5	長い間，自分についてのことで思いをめぐらせていることがよくある	1	2	3	4	5
6	自分のことを考え出すと，それ以外のことに集中できなくなる	1	2	3	4	5
7	過ぎ去ったことについて，あれこれ考えることが多い	1	2	3	4	5
8	自分の能力について，長い間考えることが多い	1	2	3	4	5
9	自分はどんな人間なのか，長い間考え続けることがよくある	1	2	3	4	5
10	何らかの感情が湧いてきたとき（例：落ち込んだ時，うれしかった時），なんでそんな気持ちになるのか，長いこと考えてしまう	1	2	3	4	5
11	自分がこういう人間であればなあと，いつまでも長い間空想することがある	1	2	3	4	5

● ［得点の出しかた］　11の項目の得点をすべて足して下さい．
● ［結果のみかた］　→32ページ，36ページ，38ページ

表1-5 抑うつ的自己注目スタイルとその結果

	抑うつ的自己注目スタイル	
	ポジティブな結果→自己注目回避	ネガティブな結果→自己注目
生じる感情	ポジティブな結果のあと、喜ばしい感情がわかない	ネガティブな結果のあと、いやな感情が高まる
原因帰属	手柄を自分のものとしない	非を自分のせいにする
自尊心	自尊心が高まらない	自尊心が低まる
動機づけ	やる気がわかない	やる気がなくなる

(d) 喪失対象を取り戻すことができず（例：関係修復の失敗，破局），自己調整サイクルを抜けることができないとき（例：失った人が重要すぎて別の恋愛対象を見つけられない，ショックのあまり自分自身の目標——例えば仕事——に打ち込めない）に，喪失に関して過度の自己注目がおこります（例：別れたことについて自分自身を振り返る）．(e) 過度の自己注目の結果，ネガティブな感情の増大，自己への原因の帰属，自責，自尊心の低下や遂行の低下などの抑うつ症状が生じます．また，(f) ネガティブな出来事に関して自己注目し（例：「まわりの人が私を避けるのは自分がうつうつといつまでも考えているからだ」と自分のことを考え，責めつづける），ポジティブな出来事に関して自己注目を避ける（例：別の異性から誘われても，そのことについて極力考えないようにする）という抑うつ的な自己注目スタイルをとるようになります．そして，(g) この抑うつ的自己注目スタイルが上記の抑うつ的な症状を生じさせます．(h) ネガティブな感情の増大などの抑うつ的な症状は，ネガティブな自己イメージを受け入れたり，それを維持させたりするように働きます（例：どうせ自分はひとりきりだ）．さらに，(i) ネガティブな自己イメージは，抑うつ的な自己注目スタイルによって維持・強化されます．

　この理論の中心は，ポジティブな出来事のあとの自己注目を避け，ネガティブな出来事のあとに自己注目をするという，抑うつ的な人がもつ抑うつ的自己注目スタイルです．逆に抑うつ的でない人は，ポジティブな出来事の後に自己注目し，ネガティブな出来事のあとに自己注目を避けます．抑うつ的な自己注目スタイルによって抑うつの症状が維持，強化され，表1-5のような結果が生じます．

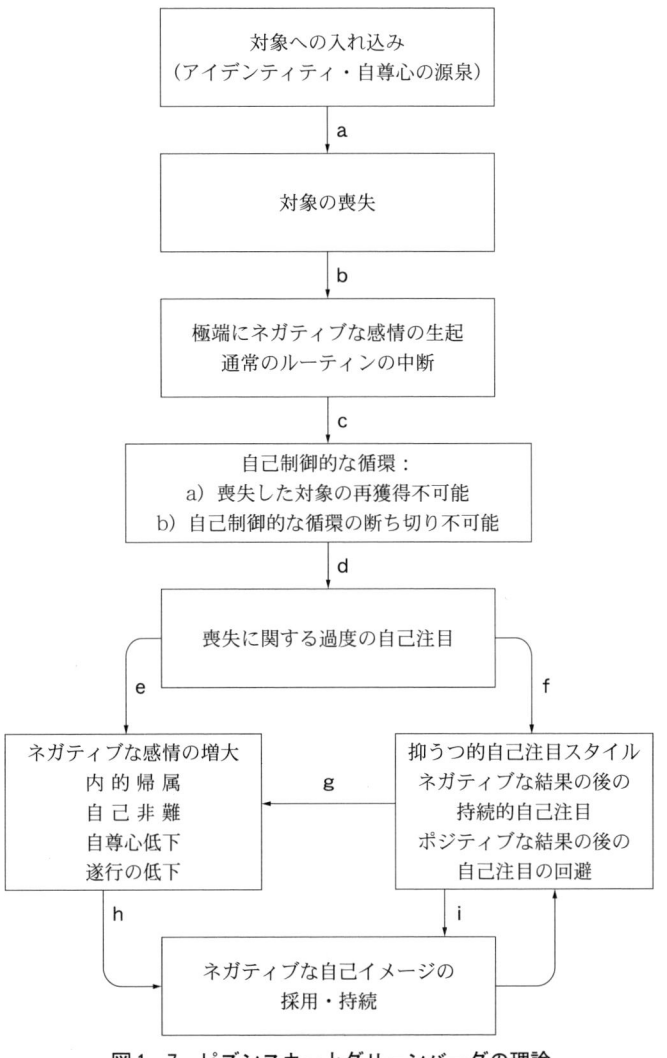

```
┌─────────────────────────┐
│   対象への入れ込み       │
│ (アイデンティティ・自尊心の源泉)│
└───────────┬─────────────┘
            │ a
┌───────────▼─────────────┐
│      対象の喪失          │
└───────────┬─────────────┘
            │ b
┌───────────▼─────────────┐
│ 極端にネガティブな感情の生起  │
│ 通常のルーティンの中断    │
└───────────┬─────────────┘
            │ c
┌───────────▼─────────────┐
│ 自己制御的な循環:        │
│  a) 喪失した対象の再獲得不可能 │
│  b) 自己制御的な循環の断ち切り不可能│
└───────────┬─────────────┘
            │ d
┌───────────▼─────────────┐
│   喪失に関する過度の自己注目 │
└──┬──────────────────┬───┘
   │e                 │f
┌──▼──────────┐  ┌────▼──────────┐
│ネガティブな感情の増大│◄─│抑うつ的自己注目スタイル│
│  内的帰属      │ g│ネガティブな結果の後の│
│  自己非難      │  │  持続的自己注目  │
│  自尊心低下    │  │ポジティブな結果の後の│
│  遂行の低下    │  │  自己注目の回避  │
└──┬──────────┘  └────┬──────────┘
   │h                 │i
   │    ┌─────────────▼──┐
   └───►│ネガティブな自己イメージの│───┐
        │   採用・持続       │   │
        └────────────────────┘   │
                                  └─(上へ)
```

図1-7 ピズンスキーとグリーンバーグの理論

ネガティブな結果の後の自己注目がなぜやめられないか　抑うつ的な自己注目スタイルは維持されやすいとされていますが，それには理由があります．つまり，はじめから悲観的にネガティブに自分自身を見つめることで，後でがっかりすることが避けられるからです．まず，抑うつ的な自己注目スタイルはネガティブな自己への見かたを促します．つまり，ポジティブな結果に執着すること（ポジティブな出来事のあとに自己注目すること；たとえば，合コンで好みの異性から話しかけられ，一緒に楽しいときを過ごしたことを繰り返し考える）は，楽観の原因となります（例：「今度はうまくいくかも」）．しかし，将来失敗した場合，うまくいくと考えていた分，かえって大きな失望と幻滅を経験するかもしれません（「うまく行くと思ってたけど，やっぱりだめだったか」）．そこでネガティブな出来事のあとに自己に注目することによって，ネガティブな自己イメージを維持し，将来大きな失望や幻滅を味わう危険性を潜在的に少なくしているのです（例：「どうせ今度もだめさ．あまり期待しないほうが良さそうだ．あとでがっかりするだけだし．それに自分のようなものが好かれるはずはないもの」）．また，抑うつ傾向の高い人は失ったものを回復しようという自己調整の試みをしつづけているので（例：どうにかしてあの人とやり直そう），ポジティブな結果への注目はその問題解決への努力を妨げるものと見なされます（例：他の人に話しかけられても関心がもてない）．このような理由で，抑うつ的な自己注目が維持されます．

自己への注目を長引かせる人とそうでない人　ピズンスキーらはうえでみたように，"自己への注目が長引くことが抑うつに影響する"と述べています．33ページの**テスト1-4**でやったように，自己注目が長引く程度には個人差があると考えられます．自己への注目を長引かせてしまいやすい人（テスト1-4で高い得点をとってしまった人）は，抑うつを重くしてしまうだけでなく[20]，自分に対する見かたをネガティブにしてしまいます．そのため将来的にも落ち込んだ気持ちになりやすいといえます[21]（自己への注目のありかたと抑うつとの関係については坂本が『自己注目と抑うつの社会心理学』[18]にまとめました）．

生きている以上，落ち込まないで暮らしていこうとしても無理があるでし

ょう．かといって，悲しいことがあったときに，いつまでも落ち込んでいられるわけではありません．これまでみてきたように，落ち込んだ気分のときは自分のことをネガティブにゆがめて考えてしまいますし，そのネガティブにゆがんだ自己イメージは記憶の中にいつまでもとどまって，自尊心を下げたり，落ち込みへの危険性を高める原因となったりしてしまいます．

さらなる落ち込みをくい止める　落ち込んだときに自己に注意を向けるか，自己から注意をそらすかが，抑うつからの回復を決めるカギを握っているようです．つまり，抑うつになって自分に注意が向いたとしても，それをコントロールし，上手に自分から注意をそらし，気晴らしをすることができるならば，抑うつを強めなくてすむと言えます．

ノレン-ホエクセーマらによると，落ち込んだ気分とどうつきあうか，そのしかたにより，落ち込んだ気分が持続してしまうか，早く回復できるかが決まるといいます[22]．彼女らによると，落ち込んだ気分への対処法には，大きく分けて「気晴らし」と「考え込み」があります（「考え込み」のなかには，自分のきもちや自分について考えるという自己注目も含まれており，両者はよく似た概念といえます）．彼女らは，落ち込んだ気分とは無関係の行動をするという「気晴らし的な対処」をしたほうが，落ち込んだ気分について考え込むよりも，落ち込み気分からの回復が早いことを報告しています[23][24]．落ち込んだときには，何でそんな気分になってしまったのか，考えてしまうこともあるでしょう．そのような行動は，落ち込んだ気分から回復しようとしてのものかもしれませんが，結局は落ち込んだ気分を増幅させてしまうようです．むしろ，落ち込んだこととは無関係の気晴らしをするほうが，落ち込み気分を軽減するためには効果的なようです．

抑うつ気分への対処法を知ることは，うつ病といわれるようなより重い状態にならないよう，予防につながります．カゼを引いたとき，体を温めたり，睡眠や栄養を十分とったりして，カゼがひどくならないようにすることは皆さんご存じかと思います．それと同じような感覚で，こころのカゼである抑うつへの自分なりの対処法を考えてみましょう．

どんな状況で自分について考えるか，を考える　自己に注意を向けるとい

っても，何か楽しいことやよいことがあったときに自己に注意を向けるのであれば，その後で抑うつになることは少ないでしょう．たとえば，よいことがあったときや，人からほめられたときに自分について考えるならば，自分をほめる気持ちにもなり，自分をポジティブに評価することもできるでしょう．筆者（坂本）の研究によると(25)，人が自己について考えてしまう状況は以下の6つに大別されました；①対人的状況（自分について何か意見を言われたときや人間関係でもめた時など），②ネガティブ状況（いやなこと，心配ごと，悲しいことなどがあったときなど），③ポジティブ状況（楽しいこと，よいことやうまくいったことがあったときなど），④観察者状況（自分が第三者となって観察した他者の言動がきっかけとなって自己に注意が向く，たとえば，尊敬する人やすばらしい人と接したときや読書したあとなど），⑤ひとり状況（ひとりで家にいるときや暇で何もすることがないときなど），⑥うらやみ状況（ポジティブな状態にいる人を羨望のまなざしで眺めるときに自分に注意が向く，たとえば，楽しそうにしている人を見たときや他の人をうらやましく思う時など）．

　これと33ページでやった自己没入尺度（**テスト1-4**）との関係を見ると，自己没入の高い人は「ひとり状況」で自己に注意が向きやすいという結果が得られました．つまり，自己没入が高い人は，ひとりで何もすることがない状況で，本を読んだりテレビを見たり電話で人と話をするなど，外的環境へ注意を向けるのではなく，なんとなく自己について考えてしまうのです．落ち込んだとき，ひとりでいると，つい自分について考えてしまうかもしれません．しかし，落ち込んだときの「何となくの自己注目」が，場合によっては自分に対する見かたをネガティブに偏らせ，抑うつ気分を強めてしまうかもしれないのです．

　このようにいってしまうと，"自分について考えること自体が悪いのだ"という誤解を生むかもしれません．自分について考え，自分をよく知ることは必要であり，青年期の重要なこころの課題のひとつでもあります．自分について考えること自体が問題なのではなく，それをするタイミングや方法が問題だと思われます．落ち込んでいるときに，ひとり自分の中だけで考え込むというのは，適切な方法だとは思われません．反対に，友だちや親・きょうだい，あるいは教師やカウンセラーといった人たちに自分のことを話して，

一緒になって考えてもらうような経験は，自己の成長にとって好ましいことです．自分以外の人にも考えてもらうことにより，自分についての新しい見かたや冷静で客観的な見かたが示され，自分自身の"こころの風通し"が良くなっていきます．カウンセリングのもつ意味のひとつは，このような点にあると言えるでしょう．

1.4　抑うつとどうつきあうか

これまでみてきたことを考えてみると，抑うつとはそれを引き起こす"嫌なこと"が原因だというよりも，"自分が自分を見る見かた"のほうに原因があると考えたほうが良さそうなのです．つまり，抑うつ的な気分（そして，それとともに生じる抑うつのさまざまな症状）は，状況をネガティブな方向に解釈したり，自己に対してゆがんだネガティブな見かたをしたり，ネガティブな状況で自分について考え込んだりすることから生じていると考えられます．このように，抑うつの認知理論では，「ネガティブな原因帰属」，「認知のゆがみ」や「ネガティブなときの自己注目」が抑うつを生じさせると考えているので，抑うつを生じさせない（抑うつから回復する）ためにはこの逆をする，つまりネガティブな結果を自分のせいにしない，ネガティブにゆがんだ認知をポジティブな適応的な方向に変える，ネガティブなときに自分について考え込まず，気晴らしをする，などが考えられます．

重要な目標に失敗したとき「自分にはやっぱり能力がないんだなぁ」と考えたり，大切な人から多少冷たくされた（と思った）とき「自分は愛されない人間なんだ」「あの人が離れたら何もなくなってしまう」とつい考えてしまうようなとき，そのような考えそのものが気分を落ち込ませることなど意識していないでしょう．このような考えは，その考えが当然のものと感じられ，何の抵抗もなく自動的に浮かんでしまうものなのです（自動思考）．もちろんこのような自分についての考えは，自分に注意を向けているからこそ生じるのです．

したがって，抑うつからの立ち直りや抑うつへの予防を考える場合，まずネガティブな自動思考が抑うつを生じさせていることを認識する必要があります．つまり，自動的に生じ，ふだんは無条件に受け入れているゆがんだ思

考内容をはっきり自覚化するする必要があります．そのため，認知療法では「非機能的思考記録」という方法を用いて，ネガティブにゆがんだ自動思考の内容を調べます．

　この自動思考は不合理な信念から生じると考えられます．したがって，ネガティブにゆがんだ考えかたをしやすい人は，その根底にある不合理な信念を修正する必要があります．不適応な態度を修正することは認知療法の最終目的といえます．セラピーを受けなくても，認知療法について解説した書物のなかには，自分自身で不合理な信念の修正をする作業をわかりやすく解説したものがあります（下の参考文献を見て下さい）．

　また，抑うつは，ネガティブな自己に関する考えに入り込んでいる状態（つまり自己注目し続けている状態）といえます．したがって，いくつかの研究が示しているように[23][26]，自己から注意をそらせば抑うつから回復すると考えられます．たとえば，気分が落ち込んでいるときに，落ち込んだ気分のまま自分や自分の周囲のことに考えをめぐらせても，ゆがんだ悲観的な考えかたをしてしまい，よけいに落ち込んでしまいます．このようなときは，むしろ，自分について考えることをやめ，気晴らしをするというのが抑うつからの回復に役立ちます．抑うつ気分のとき，自分の落ち込んだ気分に思いをめぐらせたり，なぜ落ち込んでしまったのか考える人は，そういった行動が抑うつの解決につながると考えているかもしれません．しかし結果は逆なのです．これまでの研究結果をみると，抑うつ気分のときに考え込むことは抑うつ気分を持続させやすく，落ち込みからの立ち直りには気分転換のほうが効果的なのです．

参考文献

ベック，大野裕（訳）　1990　認知療法．岩崎学術出版社．
ベック・ラッシュ・ショー・エメリー，坂野雄二（監訳）　1992　うつ病の認知療法．岩崎学術出版社．
バーンズ，野村総一郎・夏刈郁子・山岡功一・成瀬梨花（訳）　1990　いやな気分よさようなら：自分で学ぶ「抑うつ」克服法．星和書店．
エリス，國分康孝・石隅利紀・國分久子（訳）　1996　どんなことがあっても自分をみじめにしないためには：論理療法のすすめ．川島書店．
野村総一郎　2008　うつ病の真実．日本評論社．
大野裕　2000　「うつ」を治す．PHP新書．

大野裕　2003　こころが晴れるノート——うつと不安の認知療法自習帳．創元社．
パーソンズ，大野裕（監訳）　1993　実践的認知療法入門．金剛出版．
坂本真士・丹野義彦・大野裕（編）　2005　抑うつの臨床心理学．東京大学出版会．
坂本真士　2009　ネガティブ・マインド．中公新書．

コラム1 ── スチューデント・アパシー
（学生無気力症候群）

　4月に大学に入学してゴールデンウィークの終わったころから，授業に出て来られなくなる学生が出てきます．いわゆる「五月病」です．この時期は，つらかった大学入試から解放され精神的にゆるんでくる時期かもしれませんし，大学での講義に幻滅する学生も出てくる時期かもしれません．また，大学に入ったものの本人の志望に合わないため授業に出席したくなくなるのかもしれません．

　この時期に限らず，学生のなかには，学業に対する意欲を完全になくし，学業に対する自発的，能動的な行動が失われ，学業を続けることが困難な状態になる人がいます．これがいわゆる「スチューデント・アパシー」です．スチューデント・アパシーの学生は，学業についてだけ無気力な状態となります．そのほか（たとえばサークルや趣味の活動）についてはおおむね熱心で，家の中に閉じこもりきりになるような引きこもりは見られません．これが，うつ病や統合失調症にみられる無気力とは異なる点です．本人からは，苦痛の訴えはなく，周囲からは何も悩んでいないように見えます．単位の取得や卒業を心配した周囲の人が心配し，本人を相談に来させることが多いのもスチューデント・アパシーの特徴です．性別ではおもに男性において見られます．

　スチューデント・アパシーはアメリカのウォルターズによって1961年に報告されました．しかし，ウォルターズ以降アメリカでは，学生や青年一般の無気力に関する研究はあるものの，スチューデント・アパシーに関する研究は展開していきませんでした．一方，日本では1960年代に大学進学率が上昇するとともに，留年生の増加が問題となってきました．丸井（1967）は，自らも明らかにとらえられないような空虚感や無感動を示す留年生群の存在を指摘し「意欲減退」型としています．その後，笠原によってスチューデント・アパシーの概念がまとめられるなど，アメリカとは逆にスチューデント・アパシーについての研究が盛んになっていきました．なお，スチューデント・アパシーは日本とアメリカのみで見られる特異な現象と考えられています．

　スチューデント・アパシーについて実践的に研究している下山は，スチューデント・アパシーの障害を「悩まない」あるいは「悩めない」事態とみることが有効であるとし，スチューデント・アパシーの障害の特徴を表のようにまと

めています (44 ページ). 下山によると, スチューデント・アパシーの事態においては, 学生自身が「悩まない」ことによって問題を生じさせ, 学生の「悩まない」行動に関係者が悩まされます. そして, 悩まされた結果とった関係者の行動がスチューデント・アパシーの学生を刺激し, それが学生の「悩まない」行動をさらに強めてしまうという悪循環が生じています. たとえば, 学生の「悩まない」回避行動 (例: 留年しそうなのに授業に出ずにサークル活動だけしている) に親や指導教員などが悩み, 学生本人に批判的に接します. 学生 (多くは自立適応強迫性格をもつ) は, 批判を受けたことでますます現実から回避し, スチューデント・アパシーの状態を強めていってしまうと考えられます.

このようにスチューデント・アパシーにおいては問題となる学生に悩みが生じにくいので, クライエントが悩みをもち, その悩みを自発的にカウンセラーに語ることを前提としている従来の心理療法には適用しにくいと考えられます. スチューデント・アパシーの臨床については下山『臨床心理学研究の理論と実際』に詳しくまとめられていますので, そちらを見て下さい.

参考文献
笠原嘉　1984　アパシー・シンドローム: 高学歴社会の青年心理. 岩波書店.
下山晴彦　1997　臨床心理学研究の理論と実際: スチューデント・アパシー研究を例として. 東京大学出版会.
ウォルターズ, P. A. J., 石井完一郎ほか (監訳), 笠原嘉・岡本重慶 (訳) 1975　学生のアパシー: 学生の情緒問題. 文光堂, 106-120.

表　3次元構造モデルの各次元（下山，1997，p. 107）

「悩まない」行動障害

回避する：現実からまったく逃避するのではなく，批判が予想される状況のみを選択的に避け，それ以外の場面では適切な能力を発揮することもある．

否認する：自らが陥っている困難な状況に関して，その事実経過は認めても，それを自らが対処していかなければならない深刻な状況として受けとめない．

分裂する：問題解決行動を約束しておきながら，その場面になると閉じこもりや一過性症状等による回避行動をとり，一貫性のない行動を繰り返す．

「悩めない」心理障害

自分のなさ：自分の内的欲求を意識できず，また自分がやりたいことがないことをも意識できないまま，周囲の期待に合わせて自分を保とうとする（欲求希薄）．

実感のなさ：感情の動きが乏しく，楽しいとの感覚がない．生き生きとした実感がなく，物事に興味や意欲がわかず，生活全体が受身的となる（感情希薄）．

張りのなさ：時間感覚が乏しく，生活のリズムが乱れ，生活に張りがない．昼夜逆転となり，一日中ボーッとしていても焦りを感じることもない（時間感覚希薄）．

「自立適応強迫」性格

きちんとしていたい（強迫性）：主観的にきちんとしていないと気が済まない．きちんとできない場合，それを避けることできちんとした状態を保つ．

場の期待に合わせる（受動的適応性）：期待されることを先取りして行動する．他者の気持ちを汲むことに優れている反面，自己の欲求に基づく行動ができない．

情緒的に依存しない（自己愛的自立性）：自分の弱みを知られることは非難されることとの意識が強く，他者に自己の感情を伝え，情緒的に依存することができない．

❷──対人不安
なぜ人とつきあうのが怖いのだろうか

対人不安——日本人は対人不安が強い国民だといわれます．まわりにあわせて愛想笑いをしてみたり，自分の体臭や口臭がしていないか気にしたり，友だちの輪から外れないように話題や服装やらをあわせてみたりして……あー，疲れませんか？ まわりへの配慮は必要ですけど，不安から生じる気遣いは，行きすぎると自分の首をしめてしまいます．この章では，欧米との比較も考えながら，対人不安の問題について見つめなおしてみましょう．

●この章の内容とテスト

2.0 はじめに・対人不安とはどんな状態か ……………………47
2.1 対人不安とは何か ……………………………………………48
　●テスト2−1 対人恐怖症状尺度 ……………………………49
2.2 対人不安に悩む人はどれくらいいるのか …………………53
2.3 どうして対人不安が起こるのか ……………………………54
　2.3（1） バスの対人不安理論 ………………………………55
　●テスト2−2 自己意識尺度 …………………………………56
　2.3（2） 不安の「自己呈示理論」 …………………………65
　2.3（3） 日本の対人恐怖の研究 ……………………………72
2.4 対人不安と上手につきあうために …………………………82
参考文献……………………………………………………………85

コラム2 摂食障害——拒食症と過食症 ……………………………87

2.0　はじめに・対人不安とはどんな状態か

　不安は誰もが経験するものです．心理学でも，フロイトの精神分析やワトソンの行動主義をはじめとして，不安は中心テーマのひとつであったといえます．不安のなかでも，人との関係についてのものを「対人不安」と呼びますが，最近，対人不安についての研究が盛んになってきています．この章では，それらをとりあげます．

　対人不安で悩んでいる青年はたくさんいます．まず，Mさんのケースを見てみましょう．

事例／Mさん（大学1年，19歳，女子）

　Mさんは大学のクラスにとけ込めずに苦しんでいます．地方の高校を出ていますが，高校時代からクラスにとけ込めないところがありました．東京の大学に進学してからその傾向が強まったようです．まわりは都会的な人ばかりで，地方出身の自分とは違っているような気がして，うまくとけ込めず，苦しいと言います．まわりの学生に自分から話しかけることもできず，誰とも話さないで，大学で授業だけ出て帰ってくることもたびたびです．そんな毎日がいやだと言います．授業中に発表をしなければならないことがあると，とても緊張して耐えられない気分になります．クラスの知人と話すときでも，授業やサークルのこととか事務的なことを話す場合は少しよいのです．しかし，趣味の話など雑談をするような場面になると，何を話してよいのかわからず困ってしまいます．そんなときは，自分が変なことを話してしまっているのではないか，他人を傷つけてしまい相手から嫌われるのではないかと考えて，緊張してしまい，何を言って良いかわからなくなると言います．いつも自分だけがその場から取り残されたような気になってしまいます．そんなとき，どうしたらよいのかわからなくなり，頭のなかが真っ白になってしまうように感じられます．自分が変な目つきをしているから，周りの人が怖がって話しかけてこないのではないかと気になったりします．汗や体臭が臭うのではないか，周りの人に不快感を与えているのではないか，だから周りの人から嫌われているのではないか，と不安はどんどん広がっていきます．

2.1 対人不安とは何か

あなたの対人不安度をはかってみよう　つぎの**テスト2-1**に答えてみましょう．指示にしたがって，質問に答えてください．

答えおわったら，A〜Eごとに，3項目ずつの合計点を出してください．このテストは，毛利が作成した「対人恐怖症状尺度」です[1]．

Aは「**他者視線恐怖**」です．これは，他人からの視線を気にすることです．人から見られることによって，恥ずかしさを感じたり，緊張してあがってしまうことです．

Bは「**赤面恐怖**」です．これは，人前にでると，自分の顔が赤くなってしまうのを気にすることです．これと似たものとして，人まえで汗をかくことを気にする発汗恐怖があります．

Cは「**表情恐怖**」です．これは，人と話しているときに，自分の顔がこわばって変な表情になることを気にすることです．そうなると自然に振る舞うことができなくなります．これと似たものとして，手のふるえを気にしたり，動作がぎくしゃくしてしまうことを気にする「態度恐怖」があります．

Dは「**自己視線恐怖**」です．これは，正視恐怖ともいい，自分の視線が鋭いのではないか，目つきが悪いのではないかと気にすることです．それによって，相手に不快な感じを与えてしまうのではないかと心配します．Aの他者視線恐怖が人からの視線を気にするものであったのに対し，こちらは自分の視線を気にするものです．

Eは「**自己臭恐怖**」で，自分のにおいを気にすることです．自分の体からある種のにおい（口臭や体臭など）が出ていて，そのために人に迷惑をかけているのではないか，人から嫌われるのではないかと心配するものです．

テスト2-1・対人恐怖尺度のみかた　この対人恐怖尺度を，ある大学の1,2年生393名に答えてもらったところ，表2-1のような結果となりました．この表で，「カットオフ」と書かれた点は，「平均値＋2×標準偏差」の得点のことです（「標準偏差」や「平均」については巻末解説1を見て下さい）．つまり，これ以上の点だと，その傾向が強いことを示しています．ですから，

●テスト2-1　対人恐怖症状尺度(1)

各項目に書かれたことに，ふだんのあなたはどの程度あてはまるでしょうか．最も近いと思うものを選び，0〜3の数字を○で囲んで下さい．

評価：全く当てはまらない／やや当てはまる／かなり当てはまる／非常に当てはまる

- A1. 他の人から見られるのを気にしてしまう方である　0 ……… 1 ……… 2 ……… 3
- A2. 人から見られるのが苦手だ　0 ……… 1 ……… 2 ……… 3
- A3. 知らない人が自分を見ているように感じることがある　0 ……… 1 ……… 2 ……… 3

- B1. 人と話しているとき顔が赤くなっていやだと思うことがある　0 ……… 1 ……… 2 ……… 3
- B2. 人に見られているとき，顔があつくなるのが気になる　0 ……… 1 ……… 2 ……… 3
- B3. 人前で何か失敗すると，すぐに顔が赤くなる方だ　0 ……… 1 ……… 2 ……… 3

- C1. 人と話をしているときに顔がこわばってしまうことがある　0 ……… 1 ……… 2 ……… 3
- C2. 自分の表情が変なので，相手に悪い印象を与えるのではないかと気になることがある　0 ……… 1 ……… 2 ……… 3
- C3. 人と一緒にいるときにどんな表情をしてよいかわからず，変な顔つきになっているのではないかと気になることがある　0 ……… 1 ……… 2 ……… 3

- D1. 自分の目つきが他人に悪い印象を与えるのではないかと気になることがある　0 ……… 1 ……… 2 ……… 3
- D2. 人と目があうとき，自分の目つきが気になる　0 ……… 1 ……… 2 ……… 3
- D3. 自分の目つきがおかしいので，相手が不愉快に感じているように思うことがある　0 ……… 1 ……… 2 ……… 3

- E1. 自分のにおい（口臭や体臭など）を人に気づかれていないか気になることがある　0 ……… 1 ……… 2 ……… 3
- E2. 自分のにおい（口臭や体臭など）のせいで，周りの人が不快に思っているような気のすることがある　0 ……… 1 ……… 2 ……… 3
- E3. 自分から何か臭うような気のすることがしばしばある　0 ……… 1 ……… 2 ……… 3

● ［得点の出しかた］　A〜Eごとに3項目ずつの得点を合計して下さい．
● ［結果のみかた］→48ページ

3項目の合計点

A	B	C	D	E

表2-1 対人恐怖症状尺度の平均値(1)

	尺度名	平均	標準偏差	カットオフ	体験率
A	他者視線恐怖	3.92	2.25	8.42	94.9%
B	赤面恐怖	2.85	2.42	7.69	82.0%
C	表情恐怖	2.31	2.13	6.57	75.1%
D	自己視線恐怖	1.82	2.27	6.36	57.4%
E	自己臭恐怖	1.84	2.26	6.36	57.9%

ある大学の1・2年生393名（男273名，女120名）を対象とする調査の結果を示します．

「カットオフ」は，平均値＋2×標準偏差の値を示し，これ以上の得点の場合は，その傾向がとくに強いと考えられます．

「体験率」は，3項目の合計が1点以上だった人の割合を示します．つまり，3項目のどれかひとつでも「やや当てはまる」「かなり当てはまる」「非常に当てはまる」と答えた人の割合を示します．

A「他者視線恐怖」で9点以上，B「赤面恐怖」で8点以上，C「表情恐怖」で7点以上，D「自己視線恐怖」で7点以上，E「自己臭恐怖」で7点以上の場合は，その傾向が強いといってよいでしょう．

なお，このテストではかられるのは症状の主観的な強さだけです．つぎに述べるような対人恐怖症などの診断は，専門家が情報を総合して行うものですから，このテストだけから安易に自己診断をするのは危険ですので注意してください．

対人不安に見られる症状　対人不安には，弱いものから強いものまで，さまざまな程度があります．

図2-1を見て下さい．この図では，左側のものほど軽い症状をあらわし，右側のものほど重いものをあらわしています．最も軽いものを，**「対人不安」**と呼びます．ここには，ふつうの人が感じる「対人緊張」や「気おくれ」「あがり」などが含まれます．アメリカでは，シャイネスなどと呼ばれます（これについては，57ページのバスによる分類を参照してください）．また，特定の対人場面での不安をあらわす用語として，「デート不安」「異性不安」「会食不安」「スピーチ不安」といったものもあります．さらには，幼児の人見知りなどの現象もここに入ります．

つぎに，対人不安より悩みの程度が強まり，生活に支障が出るようになっ

```
                        対人不安（広義）
┌─────────────────┬─────────────────────┬─────────────────┐
│ ①対人不安(狭義)  │ ②対人恐怖           │ ③思春期妄想症   │
│                 │                     │                 │
│ 対人緊張        │ 他者視線恐怖        │ 自己視線恐怖    │
│ シャイネス      │ 赤面恐怖            │ 自己臭恐怖      │
│ 人見知り        │ 表情恐怖            │ 醜貌恐怖        │
│                 │ 自己視線恐怖        │                 │
│                 │ 社会恐怖（DSM-IV）  │                 │
└─────────────────┴─────────────────────┴─────────────────┘
軽い症状 ←─────────────────────────────────────→ 重い症状
```

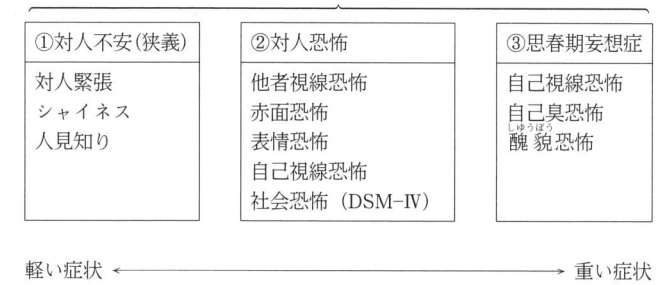

図 2-1　さまざまなレベルの対人不安

たものを「**対人恐怖**」と呼びます．対人恐怖ということばは日常生活でもよく使われていますが，もともとは精神医学の用語でした．この用語をはじめて用いたのは，精神医学者の森田正馬であるとされています．対人恐怖の症状としては，他者視線恐怖・赤面恐怖・表情恐怖・自己視線恐怖などがあります．これらについては，さきほどのテストのA～Dで説明しました．また，つぎにのべるDSM-IVの「社会恐怖」などもここに含まれます．

　また，対人恐怖よりも重い症状として「**思春期妄想症**」と呼ばれるものがあります．図2-1では，最も右側に書いておきました．これを「重症対人恐怖症」と呼ぶ臨床家もいます．代表的な症状として，自己視線恐怖や自己臭恐怖や醜貌恐怖があります．自己視線恐怖と自己臭恐怖については，さきほどのテストのDとEではかりました．自己視線恐怖は，対人恐怖と思春期妄想症の境界線上にあるといえます．醜貌恐怖というのは，自分の顔や容姿が醜いと固く信じ込み，そのために人から嫌われているのではないかと悩むものです．

　自己臭恐怖についていうと，自分の臭いを気にする人は増えていると思われます．近ごろは清潔社会とか無臭化社会とかいわれ，その中で，他人の口臭や体臭がかえって気になったり，あるいは自分が口臭や体臭を出しているのではないかと気にする人も増えています．歯磨きや消臭グッズやトイレの除臭スプレーなどの売れ行きはどんどん増えているそうです．こうしたデオドラント商品のCMで「あなたは悪臭を出していてまわりの人から嫌われていませんか？　そうならないためにわが社の○○を」といったものが多く

みられます．社会全体が自己臭恐怖を助長しているといえなくもありません．

　対人恐怖や思春期妄想症は，恐怖症とか妄想症という名前がついていますが，決して異常な心理ばかりではなく，ふつうでも理解できる心理を土台として育ってきます．これについては，またあとで触れましょう（→77 ページ参照）．

　さらに，もうひとつ，図 2-1 に示すように，①対人不安，②対人恐怖，③思春期妄想症などを総称して，人との関係についての不安全体を「対人不安」ということもあります．ですから，「対人不安」という場合，狭い意味で①だけをさす場合と，広い意味で①〜③を総称する場合とがあります．

DSM-IV での「社会恐怖」　対人恐怖がどのようなものであるかについて，DSM-IV[2] の「社会恐怖」を例にとってみてみましょう．DSM-IV では，次の A〜H の基準に当てはまる場合は，社会恐怖と診断されます．（なお，DSM-IV については，巻末解説 2 を参照してください．）

　　A．よく知らない人と会う場面とか，人からじろじろ見られたりするような場面で，強い恐怖を感じ，それが長く続くこと．そのような場面で，自分が恥をかいたり，間の悪い思いをするのではないかと怖れる．あるいは，自分が不安を感じていることがまわりにわかってしまうのではないかと恐れる．
　　B．怖れている対人場面において，ほとんどいつも不安がおこること．そうした不安はパニック発作の形をとることもある．
　　C．こうした恐怖が強すぎて不合理なものであることを，本人が自覚していること．
　　D．そのような対人場面を懸命に避けようとすること．もし，そうした対人場面にいる場合は，強い不安や苦痛を感じてがまんしている．
　　E．苦痛を予期して対人場面を避けるために，その結果として，正常な生活がかなり阻害されてしまうこと（たとえば，ふつうの仕事や学業や社会活動や対人関係ができなくなってしまうなど）．あるいは，恐怖によってかなりの苦痛を感じていること．
　　F．18 歳未満の場合は，症状が 6 カ月以上続いた場合だけ，社会恐怖

と診断する.
G．薬物とか身体的疾患によっておこった場合は，社会恐怖とは診断しない．他の精神疾患で説明できる場合も社会恐怖とは診断しない．
H．他の身体的疾患や精神疾患に関連した恐怖の場合は，社会恐怖と診断しない．　　　　　　　　　　　　　　　（傍点は筆者による）

　先ほどのMさんのケースは，この「社会恐怖」の基準に当てはまることがわかります．Mさんは授業中の発表やクラスメートとの雑談など，人から見られるような場面ではいつも強い恐怖を感じます（基準AとB）．そのような恐怖が強すぎて無意味であることを自覚しています（基準C）．そして，大学で誰とも話さないで帰ってくることがあります（基準D）．その結果，学業生活や対人関係がうまくいかず，Mさんはかなりの苦痛を感じています（基準E）．Mさんの恐怖は，薬物とか身体疾患と他の精神疾患によるものでもありません（基準GとH）．
　もうひとつ，ここで指摘しておきたいことは，Mさんの症状とDSM-IVには，少しズレがあるということです．例えば，赤面恐怖，自己視線恐怖，自己臭恐怖などの症状はDSM-IVにはとりあげられていません．対人恐怖のありかたは，欧米と日本ではかなりの違いがあります．DSM-IVはアメリカで作られたので，日本での対人恐怖の症状とは必ずしも対応していません．この点にDSM-IVの限界のひとつがあるようです（巻末解説2参照）．こうした文化差についてはのちに簡単に触れます（→81ページ参照）．なお，DSM-IVにとりあげられていない日本特有の心理としては，コラム1にあげた下山の「アパシー性人格障害」があります[3]．下山の本は学生のアパシー（無気力）をとりあげたものですので，興味のある読者はぜひ読んでみてください．

2.2　対人不安に悩む人はどれくらいいるのか

　Mさんのような対人恐怖は極端な例かもしれませんが，実際にどのくらいの人が対人不安を感じているのでしょうか？
　阿部[4]は，日本の小学3年から大学生までの2500名を対象として，質問

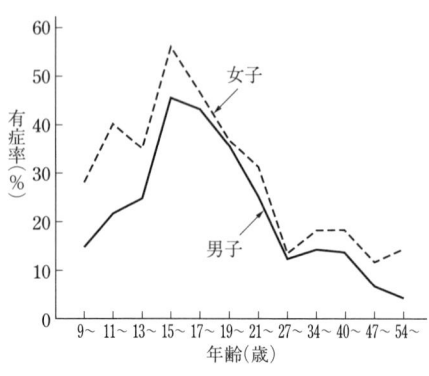

図 2-2　他者視線恐怖傾向の年齢分布
（阿部，1985 より引用）

紙調査を行っています．この調査で「他人の視線を受けると（人から顔を見られると）圧力を感じ，気になってしかたがない」といった他者視線恐怖の項目に「はい」と答えた人の割合を，図 2-2 に引用しておきます．

図 2-2 からもわかるとおり，他者視線恐怖の傾向は，9 歳から増加し，15 歳にピークを迎え，後は年齢とともに低下していき，20 歳代の後半以降は 10% 台まで下がります．男性よりも女性にやや多いこともわかります．15 歳においては 50% くらいの人，18 歳においては 30% 以上の人が他者視線恐怖の傾向をもっています．このような調査から，日本では対人恐怖傾向をもつ人はかなり多いのではないかと考えられます．

また，さきほど行った質問紙を用いた調査からも，かなりの人が一度は弱い対人恐怖を感じていることがわかっています．50 ページの表 2-1 をもう一度見てみましょう．この表で「体験率」とあるのは，3 項目の合計が 1 点以上だった人の割合を示します．つまり，この値は，少しでも対人恐怖を感じたことのある人の割合を示しています．体験率をみると，他者視線恐怖は 94.9% にも達しており，ほとんどの人が感じたことがあるようです．赤面恐怖は 8 割，表情恐怖は 7 割，自己視線恐怖と自己臭恐怖は 6 割近くの人が感じたことがあるようです．

さらに，DSM-IV[2] によると，疫学調査では，社会恐怖の生涯有病率は 3～13% という結果が得られています．つまり，欧米でもかなり多くの人が対人不安に悩んでいるといえるでしょう．

2.3　どうして対人不安がおこるのか

どうして人と接する場面で不安を感じてしまうのでしょうか．自己意識や

自己呈示などの社会心理学の自己に関する研究は，この問いに対するヒントを与えてくれます（「**自己意識**」と「**自己呈示**」については，それぞれ巻末解説5と6を見て下さい）．そこで，以下，(1)で自己意識からの説明を試みたバスの**対人不安理論**について，(2)で自己呈示の側面から対人不安を説明したリアリィとシュレンカーの**自己呈示理論**について，(3)で日本で発展した対人恐怖の理論について述べます．

2.3 (1) バスの対人不安理論

まず，バスの対人不安理論についてみていきましょう[5]．

対人不安になりやすい場面としては，たとえば人前でスピーチしたり，歌や演奏などの発表をしたり，あるいは初対面の人にあったりする場面が考えられるでしょう．人から見られて「うまくできるだろうか」と心配になり，あがってしまってどことなくぎこちない行動になってしまったり，顔が赤くなったりしたことはよくあることでしょう．バスによれば，このような対人不安が起こるのは，人から見られる自己を過剰に意識し，その場を逃れたい，人目を避けたいという動機が生じるためだといいます．

自己意識と対人不安——対人不安は自分を意識することで起こる　ここで，**テスト2-2**をやってみて下さい．このテストは，押見らの自己意識尺度[6]を一部改変したものです．テストを終えたら，得点の出しかたにならって自分の点数を出して下さい．大学生を対象とした筆者の調査では，**公的自己意識**および**私的自己意識**の平均と標準偏差は，それぞれ33.3点（標準偏差5.5点），32.2点（標準偏差6.6点）でした．したがって，公的自己意識，私的自己意識とも39点以上の人は，公的自己意識，私的自己意識が高い傾向があるといえます（「平均」や「標準偏差」の意味については巻末解説1を見て下さい）．

公的自己意識の得点が高かった人は，外出するまえに自分のみだしなみを念入りにチェックしたり，自分の容姿に気をくばったり，人まえでのふるまいかたに注意をはらったりすることが多いでしょう．一方，私的自己意識の得点が高かった人は，自分がどんな人間であるのか理解しようと努めたり，自分を反省してみたりすることが多いでしょう．

● テスト2-2　自己意識尺度（文献(6)を一部改変）

> 以下の項目を読んで，それが自分の性質に当てはまる程度を考えて下さい．そして最もよく当てはまるものを1つだけ選んで，選んだ番号を○で囲んで下さい．あまり考え込まずに，思うとおりに回答して下さい．

選択肢（右から）：かなり当てはまる／どちらかというと当てはまる／どちらともいえない／どちらかというと当てはまらない／全く当てはまらない

1　なにか問題にぶつかったときは自分の心の動きに気をくばる　　1 ─ 2 ─ 3 ─ 4 ─ 5
2　自分の本当の気持ちに注意が向きやすいたちである　　1 ─ 2 ─ 3 ─ 4 ─ 5
3　でかける前には必ずみだしなみをたしかめる　　1 ─ 2 ─ 3 ─ 4 ─ 5
4　自分を反省してみることが多い　　1 ─ 2 ─ 3 ─ 4 ─ 5
5　写真をとられるときはよくうつろうとする　　1 ─ 2 ─ 3 ─ 4 ─ 5
6　自分のふるまいが場違いでないかと気になることがある　　1 ─ 2 ─ 3 ─ 4 ─ 5
7　どうやって自分の気持ちを相手に示そうかと気になることがある　　1 ─ 2 ─ 3 ─ 4 ─ 5
8　自分がいくぶん距離をもって自分自身を見つめている感じをもつことがある　　1 ─ 2 ─ 3 ─ 4 ─ 5
9　なにかするときは人の目を考慮する　　1 ─ 2 ─ 3 ─ 4 ─ 5
10　あまり自分ということを意識しないたちである　　1 ─ 2 ─ 3 ─ 4 ─ 5
11　人が私のことをどう思っているか気になる　　1 ─ 2 ─ 3 ─ 4 ─ 5
12　自分の気持ちの変化に敏感である　　1 ─ 2 ─ 3 ─ 4 ─ 5
13　自分を相手に見せるようなときは注意深くなる　　1 ─ 2 ─ 3 ─ 4 ─ 5
14　自分の行為や考えに矛盾がないかいつも反省する　　1 ─ 2 ─ 3 ─ 4 ─ 5
15　いつも自分の容姿に気をくばっている　　1 ─ 2 ─ 3 ─ 4 ─ 5
16　自分自身についてあれこれ考えない　　1 ─ 2 ─ 3 ─ 4 ─ 5
17　人によい印象を与えようといつも気をつかう　　1 ─ 2 ─ 3 ─ 4 ─ 5
18　自分がどんな人間であるのかいつも理解しようと努めている　　1 ─ 2 ─ 3 ─ 4 ─ 5

● ［得点の出しかた］　公的自己意識尺度は3, 5, 6, 7, 9, 11, 13, 15, 17の9項目です．これらの項目の得点をそのまま合計して下さい．私的自己意識尺度は1, 2, 4, 8, 10, 12, 14, 16, 18の9項目ですが，10と16のふたつは逆転項目ですので，5点→1点，4点→2点，2点→4点，1点→5点に変えて（3点は3点のまま），9項目の得点を合計して下さい．
● ［結果のみかた］　→55ページ

バスによると，対人不安は「他者の視線や発言，あるいは単に他者が存在するだけでも生じる，居心地の悪さや不快な感情」と定義されます．この不快な感情は，対人場面で公的自己が急激に意識されることによってもたらされます．したがって，公的自己意識の得点が高かった人は，人前でのふるまいを気にしやすく，対人場面で不安になりやすいといえます．しかし，単に公的自己が意識されるだけで対人不安が生じるわけではありません．たとえば，同じように人まえでのふるまいを気にする人であっても，人に見られることをむしろ快いと感じる自己顕示的な人は，人まえに立っても不安を感じることは少ないでしょう．不安が生じたとみなされるには，公的自覚状態の高まりに加えて，不安・不快などの感情や，その場から逃げたい，他者の視線からのがれたいという動機や行動が生じている必要があります．

対人不安のいろいろ　バスは，対人不安をその原因と結果，感情や行動的特徴によって，「当惑（embarrassment）」，「恥（shame）」，「観衆不安（audience anxiety）」，「シャイネス（shyness，シャイになってしまうこと，「気おくれ」と訳されることもあります）」の4つに分類しています．このうち，当惑と恥，観衆不安とシャイネスには互いに類似した点がみられます．なお，公的自覚状態の高まりと不快な感情はこの4つに共通しています．

当惑 vs 恥　「当惑」とは，場にそぐわない格好やふるまいをしたり，人まえでうまく行動できなかったりして，赤面や照れ笑いなどの反応をすることです．たとえば，話をしたら場がシラけてしまったとか，パーティに行ったら自分だけ場違いな服装をしていたとか，そのようなときに「穴があったら入りたい」と思うような感じが「当惑」です．当惑は，目立った行動をしたり，人まえでほめられすぎたり，本来プライベートなものや場面を人に見られたり（たとえば，トイレの個室で用を足しているところを見られた，おなかがグーっとなる音を聞かれたなど）しても生じます．当惑すると自己評価が下がりますが，それは一時的なものです．また，周囲からは笑われることもありますが受容的な態度で接してもらえます．

一方，「恥」は，うまくやろうと思ったけれども失敗したり負けたりした場合，自分や周囲の人をがっかりさせてしまった場合，さらには非道徳な行

表2-2 当惑と恥の比較(5)

	当　惑	恥
反　応		
赤　面	○	×
照れ笑い	時々	×
感　情	「自分てバカみたい」	がっくり落ち込む
自己への原因帰属	私はミスをした	人格的な欠点
直接の原因		
マナー違反	○	×
目立った	○	×
からかわれ	○	×
ほめられすぎ	○	×
集団をがっかりさせた	×	○
不道徳	×	○
他人にばれてしまう感覚	自分の感情が知られた	自分の卑しさが知られた
結　果		
自己評価	一時的な低下	持続的な低下
他者の反応	笑われるが受容される	軽蔑され拒絶される

為をした場合に生じる感じです．恥の原因は，当惑の原因ほどかわいらしいものではありません．恥には赤面や照れ笑いなどの表出はなく，自己嫌悪や自分への落胆の気持ちが湧いてきます．自己評価の低下も持続的で，周囲の人からも拒絶されたり軽蔑されたりします．

　たとえば，外野手が，バッターの打った打球を捕りそこなってヘディングしてしまった場合，点差が開いて勝負がすでに決しているような場面では「当惑」で済むかもしれませんが，「ヘディング」のせいでその試合に負け，優勝を逸したような場合は「恥」に思うことでしょう．

　当惑と恥とには類似の点があります．たとえば，人からじっと見られたくない，目や顔を手で覆い隠す，不快な感情が生じる，副交感神経系の活動（次頁）が高まる，社会的に受け入れられない行動を人に見られたことから生じるなどです．しかし，これまでに述べたように当惑と恥はいくつかの点で異なります（表2-2）．手短にいえば，恥のほうが当惑よりも事態がより深刻であると言えます．

　このように見てみると，バスのいう「当惑（embarassment）」は日本で

表 2-3　観衆不安の原因[5]

原因	観衆不安を引き起こす例
目立つこと	スポットライトを当てられステージに立つ
見たことのない視点に立つ	観衆をステージの上から見る
したことのない役割をする	初めて人前で講演をする
観衆の種類	
観衆のサイズ	多くの人で埋まった競技場やホール
観衆の地位	教授たちの前で学生がスピーチする
観衆との類似性	女性が男性を前にスピーチする
観衆の行動	観衆があまり関心がなさそう

は「恥」や「照れ」に相当し，「恥（shame）」は「失望」や「深い後悔」にあたるように思えます．

観衆不安 vs シャイネス　「観衆不安」は，人まえでスピーチやパフォーマンスをするときに生じます（より具体的にどのような状況が観衆不安を引き起こしやすいかについては表 2-3 を見て下さい）．緊張，心配，パニック，混乱などの感情が生じ，こわばった表情になり，視線が定まらなかったり，顔面蒼白になったり，身震いがしたり，声が震えたりします．スピーチの内容を忘れたりどもったりするなど，しようとする行動がうまくとれなくなります．汗をかく，呼吸が速くなる，血圧が上がる，心臓がドキドキするなど，交感神経系が働いた生理的変化が生じます．

　ところで，交感神経系と，当惑や恥のところで述べた副交感神経系を合わせて「**自律神経系**」と呼びます．**交感神経系**と**副交感神経系**のふたつは，互いに対抗的に働いて，内臓の働きを調節しています（たとえば，交感神経系は心臓の拍動を早めたり，血管を収縮させる働きがあるのに対し，副交感神経系は心臓の拍動を抑えたり，血管を拡張させる働きがあります）．交感神経系は，恐ろしいときや怒るときに活動が高まるといわれます．

シャイネス（「気おくれ」）も，観衆不安と同様，目立つことや経験したことのない場面で生じます．シャイネスの感じをもつと，視線を合わせなくなる，ほかの人から離れていようとするなど，コミュニケーションをとろうとしなくなります．緊張した感じがし，自分のふるまいかたを強く気にします．からだの変化も観衆不安と同様，交感神経系が活発に働き，血圧が上昇したり，呼吸が速くなったり，心臓がドキドキしたりします．シャイネスの原因

表2-4　シャイネスの原因(5)

カテゴリー	例
新奇性	
物理的に新しい場面	新しい学校
社会的に新しい場面	見知らぬ人たちと会う
新しい役割	昇進
他者の存在	
フォーマルな場面での他者の存在	葬儀
他者の高い地位	王族に会う
他者より目立つこと	女の中に男がひとり
他者の行動	
過度の注視	他者に見られすぎている
不十分な注視	他者から無視される
自分の領域に入り込む	他者がなれなれしくしすぎる

は状況の新しさ（新奇さ）です．たとえば，物理的に新しい場面（例：新しい学校），社会的に新しい場面（例：見知らぬ人たちと会う場面）や新しい役割でふるまうような場面（例：昇進して管理職としてふるまう場面）では，シャイな感じになりやすいといえます．その他，フォーマルな場面，相手のほうが自分より身分的に高い場合，誰よりも目立っている場合などにもシャイな感じになりやすいでしょう．シャイネスは他者の存在だけでなく，他者がどうふるまうかによっても生じます．たとえば，他者から過度に注目されたりされなかったりしても，シャイな感じになります．また，他者が自他の境界を超えて自分になれなれしくするようなとき（たとえば話の相手が個人的な話題に触れようとしたり，相手から秘密を教えてくれと迫られたりするとき）にもシャイネスが生じます（表2-4）．

　対人不安を生じさせるものは何か　このように対人不安には当惑，恥，観衆不安，シャイネスの4つがあります．それぞれにはそれぞれ特有の原因がありますが，対人不安全般に共通する原因もあります．対人不安の原因は大きくふたつに分かれます．「対人場面の特徴」と「他者の行動」です．

　対人不安を生じさせる対人場面の特徴　対人不安が起こりやすい対人場面と起こりにくい対人場面の特徴を表2-5にまとめました．まず，**集団の大きさ**があげられます．ふたりきりで話すような場面では不安は生じにくく気

表 2-5 対人不安が起こりやすい対人場面の特徴[5]

特徴	対人不安が おきにくい場面	対人不安が おきやすい場面
集団の大きさ	2人	大勢
注視される量	ギブ・アンド・テイク	壇上
人物の熟知度	熟知している	知らない
公式さ	インフォーマル	フォーマル
評価の程度	中立的	評価的

楽でしょう．逆に，大勢の人に見られているとか，大勢の人を相手に話をしたり質問されたりするような場面では，緊張や不安が大きくなるでしょう．これは次の**注視される量**とも関係してきます．1対1で会話するような場合，見たり見られたりで，一方に視線が偏ることはなく，リラックスした雰囲気でいられます．反対に，大勢の人をまえに話すような場面では，多くの視線が話者に集中し，話者が「見られている」という感覚を抱き不安が高まるでしょう（ただし日本における対人不安はこれとは多少異なっているようです．詳しくは72ページの「日本の対人恐怖の研究」でふれます）．また，その場の人物の**熟知度**も関係してきます．よく知っている人が相手なら緊張せずにすみますが，知らない人が相手の場合は1対1の場面でも緊張するでしょう．場の**公式さ**も関係します．家族や友人などとふだん一緒にいるとき（インフォーマルな場）は打ち解けられていても，初対面の人にはフォーマルに接するために堅苦しさをおぼえるでしょう．家族や友人などと一緒にいても，場がフォーマルな場合（たとえば結婚式や葬式）はふだんとは違って自分のふるまいに気をつかうようになります．最後に，**評価の程度**が対人不安に影響するものとしてあげられます．他者から評価されるような場面（たとえば面接試験，お見合い）では対人不安はかんたんに高まります．

これらの5つの要因が重なれば，ふだん対人不安を感じにくい人であっても，対人不安を感じるようになるでしょう．

対人不安を生じさせる他者の行動　対人不安を引き起こす他者の行動としては，他者からの「過度の注視や無視」，「外面やふるまいについての他者からのコメント」，「自他の境界を踏み越えた行動」などがあげられます．

他者からじろじろ見られると，当惑，観衆不安，シャイネスなどが生じる

ことはこれまで述べてきたとおりです．逆に，無視されても（視線をそらされる，声をかけられない），当惑やシャイネス，さらには恥の感情が生じます．これらの注視や無視は，それが予期せぬものだったり，突然のものだったりすると，特に対人不安を生じやすくなります．

　髪型，顔や体型，服装，言葉のアクセントや身振りなどの，自分の外面やふるまいについて他者がコメントすることも対人不安を生じさせます．注視や無視は公的自己（髪形や服装などの外見やふるまい）の特定の部分を意識させることはありませんが，外面やふるまいについてのコメントは，コメントされた特定の部分を意識させます．たとえば，朝，友だちから「寝ぐせがついてるね」といわれると，その後しばらく，自分の髪形がちゃんとしているか気にしてしまうでしょう．他者からのコメントは，それが中立的な内容のものであっても，コメントされた部分に注意が向くので当惑やシャイネスが生じやすくなります．また，からかいや嘲笑（ちょうしょう）などのネガティブなコメントは当惑やシャイネス，ときには恥までも生じさせますが，あからさまに敵意に満ちたコメントは，コメントを受けた人の怒りをかうので，対人不安は生じにくいと考えられます．

　自他の境界を超えた行動も恥や当惑の原因となります．自他の境界を超えた行動としては，他者のプライバシーを侵害する行動があります．たとえば，他者の内緒話やうわさ話を盗み聞きしてしまったとき，親密なカップルの間に割り込んでしまったとき，人が着替えをしているところを見てしまったときなどです．また，自分が反対の立場になり，プライバシーを侵害された場合にも恥や当惑が生じます（たとえば，他者が自分の内緒話やうわさ話を盗み聞きしているのに気づいたとき，着替えをしているところを見られてしまったときなど）．さらに，あまりよく知らない人から，親しい人でなければ聞けないような個人的な生い立ちや秘密を打ち明けられたり，愛などを告白されたりすると，心理的に取り乱してしまい，その場を逃れたくなるのです．

当惑，恥，観衆不安，シャイネスはどこがどう違うか　当惑，恥，観衆不安，シャイネスについてはすでに述べてありますが，それぞれのあいだの関係はどのようになっているのでしょうか．表2-6にそれぞれの特徴を示しました．それによると，当惑と恥，観衆不安とシャイネスとに類似点が多い

表 2-6 当惑と恥,観衆不安とシャイネスの特徴[5]

	当惑	恥	観衆不安	シャイネス
反 応				
顔を隠す	○	○	×	×
副交感神経系の活動	○	○	×	×
交感神経系の活動	×	×	○	時々
自分を責める	○	○	×	時々
性格の関与	×	×	○	○
原 因				
めだつこと	時々	×	○	○
状況の新しさ	×	×	○	○
ばれる（知られる）こと	○	○	×	×
評価不安	×	×	○	時々

ことがわかります．たとえば，当惑や恥を感じたときには，「穴があったら入りたい」という感じで目や顔を覆い隠そうとしますが，このような反応は観衆不安やシャイネスには見られません．赤面などの副交感神経系の反応も当惑や恥ではよく見られますが，観衆不安やシャイネスでは反対に交感神経系の反応（血圧上昇，発汗，動悸など）がよくみられます．自責も当惑や不安では見られますが，観衆不安やシャイネスでは見られません．また，性格的に観衆不安が強い人とかシャイな人とかはいるでしょうが，性格的に当惑や恥を経験しやすいということはありません．

　原因についても，当惑や恥は，人にばれることや知られること（たとえば，プライベートなことを知られたり見られたりする）によって生じますが，観衆不安やシャイネスは，自分が目立ってしまったことや新たな場面に遭遇したことで生じます．

　4つの対人不安の関係を示したのが図2-3です．対人不安は，「公的自覚状態」（公的自己の側面——たとえば外見やふるまい——に注意が向いた状態）が急に高まることから始まり，不快な感情を経験して完了します．ステージに立って公的自覚状態が高まり，恐怖を感じたら，その人は観衆不安になっています．数人の人と会話していて公的自己への注目が高まり，うまくその場で行動できなくなったら，その人はシャイな状態になっています．このふたつではいずれも，血圧が上がる，心臓がドキドキするなど交感神経系が活発に働いています．目立つこと，評価されること，恐怖や混乱がこのふ

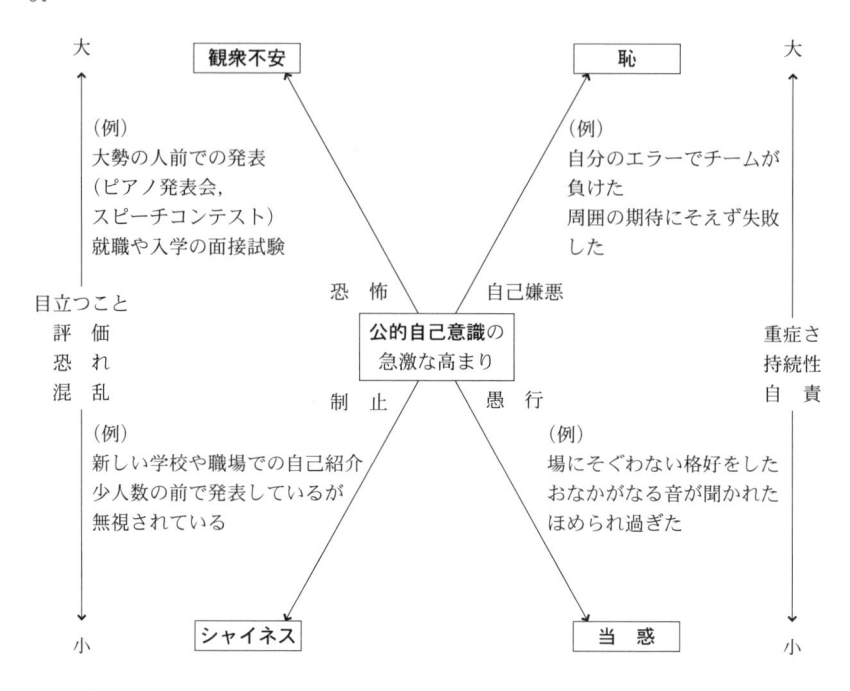

図2-3 対人不安と公的自己意識との関係（文献(5)をもとに作成）

（図の内容）

観衆不安（大）
（例）
大勢の人前での発表
（ピアノ発表会，スピーチコンテスト）
就職や入学の面接試験

恥（大）
（例）
自分のエラーでチームが負けた
周囲の期待にそえず失敗した

目立つこと
評　価
恐　れ
混　乱

恐　怖　　自己嫌悪

公的自己意識の急激な高まり

重症さ
持続性
自　責

制　止　　愚　行

（例）
新しい学校や職場での自己紹介
少人数の前で発表しているが無視されている

（例）
場にそぐわない格好をした
おなかがなる音が聞かれた
ほめられ過ぎた

シャイネス（小）　　当　惑（小）

交感神経系優位　←――――自律神経系の活動性――――→　副交感神経系優位

たつに共通しています．そしてその程度は観衆不安でより強くなっています．
　反対に，人まえでドジを踏んで公的自己へ注意が向き，「バカやっちゃった」と感じたら，その人は当惑しています．不道徳な行為をしたことが人に知られてしまったり，重大なミスをして人びとをがっかりさせたりすることで，公的自覚状態が高まり，自己嫌悪の念にかられたら，その人は恥を感じています．この二つでは顔が赤くなるなど副交感神経系が働いています．恥と当惑とでは，恥の方がよりも強い感情で，より長く持続し，自責の念もより強く感じます．
　恥と観衆不安はいずれも強い感情ですが，表2-6のあるように，このふたつは全く性質が異なるので，比較することはできません．
　バスの理論は独創的ですが，理論の根拠に乏しいという欠点があります．たとえば，当惑，恥，観衆不安，シャイネスという分類も，それを裏付ける証拠はあまりありません．

2.3 (2) 不安の「自己呈示理論」

片思いの相手の前で,自分をよく見せようとして焦ったことはないですか.かっこよく見せたい,かわいらしく思われたい,頼もしい人だと思われたい……,だけれども,どうも思ったようにいかなくて,変なことをしゃべったり,ふだんのようにふるまえなかったり,どもってしまったり……. また面接場面で,面接官に良い印象を与えたいと思っているのに,逆に不安が高まってしまい,思いどおりに行動できなくなってしまったことはないですか. そんな対人不安は,「自己呈示」(自分を人に見せる見せかた)が思ったようにうまくいかないために起きているのです.

バスの対人不安とは別に,シュレンカーとリアリィは対人不安の**自己呈示理論**[7]を提唱しています(「自己呈示」については巻末解説6を見て下さい). この理論では,他者に特別な印象を与えたいと思っているが(例:かわいい人だと思われたい,面接場面で有能な人間だと思われたい),できるかどうか疑わしく,自分の印象に関連した不満足な対応を他者から受ける可能性があると予測したときに(例:彼女になれないかもしれない,就職試験で不採用となるかもしれない),対人不安が生じるとされています.

自己呈示による対人不安の例——有能な社員になりたいA氏の場合 4月になり,新しい職場や学校に入って,自分についてある印象をもってもらいたいと思った経験はないでしょうか. 有能なできる人物だと見られたい人もいれば,逆に自分が弱い人間であることを示して,まわりからやさしく接してもらいたいと思う人もいるでしょう(自己呈示の種類や目的についても巻末解説6を見て下さい). ここでは,ある会社に入り,有能な人材であると思われたい男性A氏を考えてみましょう.

A氏は入社して今年で3年目,少しずつ会社の重要な仕事を任されてきました. 最近,営業部に配属され新製品の販売戦略を立てる仕事を任されました. 彼としては初めて任された大きな仕事です.

しかし,これまでは彼が期待していたほど,会社は彼のことを評価していません. 彼と同期の入社で同じ部署のB氏は,てきぱきと仕事をこなし,人当たりもよいので職場での人気も上々です. そのため職場の人たちからは,

将来の幹部候補とうわさされています．こんなうわさ話を聞くにつけ，A氏は，後輩にも追い越されるのではないか，あるいはリストラされたり，どこかにとばされるのではないかと焦ってしまいます．

そんな折り，社内で，新製品の販売戦略についてプレゼンテーションをすることになりました．ライバル（とA氏が思っている）B氏もいます．このプレゼンテーションには社長や重役も出席しています．社長と重役のうち何人かは今年から就任しており，A氏にとっては初対面といっても良いような人たちです．A氏の会社は半年前，外資系の会社と合併し，役員の多くが入れ替わったのです．外資系となって「実力主義」が推し進められました．A氏にはチャンスに思えました．「社長や重役の前で自分の実力をみせ，Bにアッと言わせ，大いに自分を売り込もう」．彼の「好印象を与えたい」という思いは否が応でも高まってきます（しかし，その反面，実力主義だったら後輩に追い越されたり，リストラされたりすることも本当にあるかもしれないな，といった不安もA氏にはあったのでした）．

プレゼンテーションの当日です．A氏はピリピリとした会議室の雰囲気を感じました．A氏が用意した資料が社長をはじめ，重役や他の社員に次つぎと配られていきます．B氏の手元にも配られました．一同がパラパラと資料に目を通していきます．メガネをあげて首を傾げて見入る重役，眉をひそめる社長，冷静にページをめくるB氏．部屋の電気が薄暗くなり，プレゼンテーション機材のスイッチが入れられ，パッとスクリーンを照らします．社長や重役の表情はA氏からは見えなくなりました．（どんな表情で俺は社長や重役から見られているのか），A氏の頭に嫌な考えがよぎります．社長：「では，A君，始めてくれたまえ．」A氏：「そ，それでは新製品の販売戦略について，わ，わたしが立てました，げ，原案を紹介させていっ，いただきます．」——冷静を装うA氏でしたが，心臓はバクバクで，頭のなかは真っ白になってしまいました．

A氏はプレゼンテーションの場ですっかり不安になってしまっています．A氏は自己呈示がうまく行かないと思ったため，対人不安になっています．さっそくこの対人不安状態の心理を，自己呈示理論の視点から調べてみましょう．

動機づけのレベル　シュレンカーとリアリィによれば，対人不安が生じるためにはまず，「自己」についてのある印象を他者に与えたい（「呈示」したい）と願っている（「動機づけ」られている）必要があります．つまりこの理論によれば，単に人と会っているだけでは対人不安が高まることはありません．特定の印象を与えたいと強く思うことが，対人不安を生じさせる原因のひとつと考えています．このような場面としては，面接試験場面や壇上でパフォーマンスを披露するときなどがあげられるでしょう．また，好きになってもらいたいと強く願っている異性と話をするような場面でも，特定の印象を与えたいと強く思うことでしょう．逆に，親しい人と打ち解けて話をしているときなどはこのような動機づけは低いと言えます．

　さきほどのA氏の場合，社長や重役，さらにはB氏にも「自分が有能である」という印象を与えたいと強く願っています．そのため，対人不安が高まる可能性は十分にあるといってよいでしょう．

　ある印象を与えたいという思いを強める要因（表2-7）　さきほどのA氏のプレゼンテーション場面には，A氏には気の毒なことに，ある印象を

表 2-7　自己呈示の動機づけを高める要因

(1) 公的自己への注目（公的自覚状態）
(2) 期待した結果の価値
(3) 初対面
(4) 印象を与えたいと思う他者の特徴
　　　権威がある人，専門家，地位の高い人，異性の仲間，身体的に魅力がある人，社会的影響力が大きい人など
(5) 評価的な状況
(6) 中心的な自己概念の呈示
(7) 共存他者の数
(8) 承認欲求
(9) ネガティブな評価への恐れ

与えたいというA氏の思いを強める要因がそろっていたと言えます．

(1) まず，観衆や自分を評価する人などがその場に存在して，ふるまいや外見などの**公的自己**へ注意が向けられる状況（公的自覚状態になる状況）では，自己についてこういう印象を与えたいという自己呈示の動機づけが高まります（また，自分の外見やふるまいなどを気にしやすい公的自己意識特性の高い人は，自分について好印象を抱かせたいという自己呈示への動機が強いといえます）．A氏は，社長や重役，さらにライバルであるB氏や他の社員をまえにして，「見られている」と公的な自己を意識していました．彼が仲のよい同僚相手にプレゼンテーションの練習をしても，「見られていること」をさほど意識しないですむので対人不安にはならないでしょう．

(2) つぎに，自分が得ようと**期待した結果の価値**も自己呈示の動機を高めます．つまり，他者からの評価や他者の反応が，自分にとって重要な意味をもつ場合には，より強く自分について特定の印象を与えたいと思うでしょう．先ほどのA氏にとっては，プレゼンテーションは，自分の株をあげ，有能な社員という印象を社長や重役に直接アピールできる重要な場でした．A氏にとってプレゼンテーションは，将来の出世をかけた，まさに「正念場」だったのです．もし，A氏が自分の実力を信じて（あるいは出世をあきらめて），「プレゼンテーションに成功してもあまり自分の扱われかたに変わりはないだろう」と思っていたら，自分をよく見せたいという自己呈示の動機づけはそれほど高まらなかったでしょう．

(3) 一般的に，第一印象というのはインパクトが強いと考えられています．

すると，**初対面**では特に自己呈示の動機が高まるでしょう．就任したばかりの社長のまえでのプレゼンテーションは，初対面の状況に等しいといえます．ここで初対面に等しい社長に，「有能な社員」という印象を与えるか，「使いものにならないダメ社員」という印象を与えるかは，A氏にとっては非常に大きな問題です．もし，社長がA氏のことをよく知っていて，「自分の実力は社長が十分知ってくれている」とA氏が思っていたら，自己呈示の動機づけはあまり高まらないでしょう．

(4) **印象を与えたいと思う他者の特徴**によっても，自己呈示の動機づけが高まることがあります．特に，相手が社会的影響力が大きい人（たとえば，権威がある人，専門家，地位の高い人や異性の仲間，身体的に魅力がある人）であった場合，自分についての特定の印象を与えたいという動機が高まるでしょう．それは，私たちは社会的影響力が大きい人からの評価を気にするからだと考えられています．また，社会的影響力が大きい人は実際に報酬や罰を与える立場にいることが多いため，良い印象を与えたいと思うのは当然といえます．A氏は社長や重役がずらりそろったなかでプレゼンテーションをしています．彼らはプレゼンテーションをするA氏を見て，彼が有能かどうか印象を抱くでしょう．そして，彼らはA氏のその後の処遇（重要なポストに抜擢するか，給料を上げるかどうか）などを決める権限があります．A氏もそのことを十分認識しています．そのため，A氏が良い印象を与えたいという思いは強くなっています．もしプレゼンテーションが，課長と部下を対象とした予備的なものだったら，同じような場所で同じような数の人が参加しても，自己呈示の動機はあまり高まらないでしょう．

(5) **評価的な状況**（人から評価を受ける（だろうと予想される）場面）でも，自己呈示の動機づけが高まります．面接試験などでは良い印象を与えようとする動機づけが高まるのは当然です．先ほどのプレゼンテーション場面は，彼の販売促進案を評価する状況であり，当然，自己呈示の動機づけが高まるでしょう．

(6) 人はさまざまな自分についての考え「自己概念」をもっていますが，すべてが同じ重みを持っているわけではなく，その人にとってより重要なもの，中心的なものとそうでないものがあります．そして，一般に人は，**中心的な自己概念**を他者に印象づけようとします．たとえば，自然保護の運動を

熱心にしている人にとっては，自分が「自然保護運動家である」という自己概念は，自分が「勤勉である」とか「○○党の支持者である」という自己概念よりも重要でしょう．そして，初対面の人に対しその人は，自分が自然保護運動家であるという印象を与えたいと思うでしょう．A氏も「自分は有能な社員である」と常づね思っていて，これは彼の中心的な自己概念になっています．しかし，どうやら周囲はそれをわかっていないようです．「自分がこの社の一員である」ということもA氏にとっては重要な自己概念になっていましたが，同じ会社の人を相手にこのような自己概念を印象づける必要はありません．社長や重役の前でのプレゼンテーションは，彼にとって重要な「有能な社員である」という自己概念を印象づけることができる場であり，彼が自分をそう思ってもらいたいという気持ちは高まるでしょう．

(7) 一緒にいる他者の人数が多いほど，良い印象を与えたいとする動機づけが高まります（**共存他者の数**）．数人の人から評価を受けるよりも，大勢の人から評価を受けるほうが，評価される人にとって大きな意味をもつでしょうから，一緒にいる他者の数が多いほど，良い印象を与えたいとする動機づけが高まるわけです．先ほどのA氏の例でも，社長や重役と1対1で自分の案を説明する場合のほうが，その場のA氏にとっての意味はより小さいと思われます．もし1対1の場面であったなら，「自分を有能な社員に見せよう」というA氏の意気込みも適度なものになって，強い対人不安を生じさせずにすんだかもしれません．

(8) **承認欲求**が強いほど自己呈示への動機づけが高まります．つまり，人から認めてもらいたいとふだんから思っている人ほど特定の印象を与えたいと思うでしょうし，失敗をした後で名誉挽回に燃えているときなどで承認欲求が強まっている場合にも，好ましい印象を与えたいという動機づけは強まるでしょう．A氏の場合，自分が認められないことへの不満や不安が募っており，承認欲求が高まっていたものと考えられます．

(9) 承認欲求とも関連していますが，**ネガティブな評価への恐れ**も自己呈示動機と関連しています．ネガティブな評価を恐れる人ほど，他者によい印象を与えたいと考えるからです．A氏の場合も，彼の「本当は自分は有能な社員なんだ」という気持ちと裏腹に「後輩に追い越されるのでは」「リストラされるのでは」という気持ち，つまり上司からのネガティブな評価を恐

れる気持ちも強くなっていました．そのため，自分が有能な社員だと思われたいという気持ちも高まっていたでしょう．

主観的確率——演じたい自分をうまく演じることができるか　単に，ある特定の印象を他人に与えたいという動機づけが高まっているだけでは対人不安は生じません．たとえば，さきほどのＡ氏の場合，もし彼が自分に絶対の自信をもっており，「私のすばらしいプレゼンテーションを自信をもっておみせいたしましょう，私がいかに有能な社員かすぐわかるはずです」くらいに考えていたなら，プレゼンテーションの場で対人不安にはならなかったでしょう．つまり，その人がその印象を与えることに自信がある場合は，対人不安は生じないでしょう．このように，対人不安が高まる第2の条件として，「自己呈示がうまくいくかどうかについて自分で考える主観的確率（**自己呈示効率**）が低いこと」があげられます．

　自己呈示がうまくいくかどうかの判断は2段階に分けて考えることができます．自己呈示効率を考えるさいには，まず，「どのような自己呈示をするべきか」（どのような印象が望ましい）かがわかっているかどうか，を考える必要があります．何が望ましい印象なのかがはっきりしない状況では，どのような行動をとるかべきかがわからず，自己呈示効率は低くなります．自分がよく知っているような相手や状況では，どのような行動が望ましい行動なのか知っているでしょう．しかし，見知らぬ相手や，初めて出くわすような状況・予期せぬ状況，また新たな役割として行動する場合などでは，どのような印象が望ましいものか不明なことが多く，自己呈示がうまくいくかどうかについての主観的確率である自己呈示効率は低くなります．

　つぎに，どのような印象が望ましいかを知っていても，その印象をうまく作り上げられるかを考える必要があります．望ましい印象がわかっていても，今の自分では到底そのような印象は作り出せないと考える場合も，自己呈示効率は低くなります．たとえば，自分が与えたいと考えている印象を相手に伝える自己の能力が足りないと思っていると，自己呈示効率は低くなります（本当に自己の能力が不足しているのではなく，過去の失敗の経験や，うまくいったと判断する基準が高すぎるために「できない」と思いこんでいるのかもしれません）．

A氏の場合，どのように行動すれば「有能な社員」たることを印象づけられるかはわかっていました．以前，B氏がプレゼンテーションしているのを見て，有能な社員の見本を十分見せつけられていたのです．A氏は，自分は有能な社員だと思われたいと強く望んでいましたが，おそらく彼は本当は自分に自信がなかったのでしょう．後輩に追い越されたり，リストラを恐れる彼の心に，彼の自信のなさが見え隠れしています．彼は，どこかで自分の能力を疑い，自分がB氏のようにふるまえないと感じていたのでしょう．そのため，自分が有能であるという「自己」を「呈示」できないと思い，プレゼンテーション場面で不安になってしまいました．

　ここで見てきたように，対人不安は「自分は相手にこういう人間に思われたい」という自己呈示の動機から生じることがあります．「こんなふうに思われたいけど，ちょっと無理があるかな」という気持ちが焦りを生んで対人不安が強まっていくのです．

2.3 (3)　日本の対人恐怖の研究

　ここまでは，欧米で発展した対人不安の理論について紹介してきました．日本では，対人恐怖に悩む人の数が多いために，欧米とは別の観点から，対人恐怖の研究がさかんにおこなわれてきました．そこで次に，日本の対人恐怖について詳しく見ていきましょう．

　対人恐怖がおこるしくみ　どうして対人恐怖がおこるのでしょうか．ここでは図2-4のような枠組みで考えてみたいと思います．この図は，第1章で見た「ABC図式」(27ページ参照)にもとづいています．まず，対人恐怖は，人と接する場面 (A：Activating Events) でおこります．そうした場面で，対人恐怖の人は特有の認知 (B：Belief) をします．その結果として，対人恐怖感情をもったり，対人回避行動をとるようになります (C：Consequence)．ただ，同じような場面に接しても恐怖を感じる人と感じない人がいるわけですから，対人恐怖になりやすい素質のようなもの (V：Vulnerability) があります．以下，これらA～Vの4つの側面からみていきます．

　A：どんな場面で対人恐怖がおこるのか　対人恐怖の人は，どういうとき

```
A：場面        B：認知           C：感情・行動
┌──────┐    ┌──────────┐    ┌──────────┐
│対人場面│──→│対人恐怖の人の│──→│対人恐怖感情│
│      │    │悩み       │    │対人回避行動│
└──────┘    └──────────┘    └──────────┘
                  ↑
            ┌──────────┐
            │V：対人恐怖にな│
            │りやすい素質  │
            └──────────┘
```

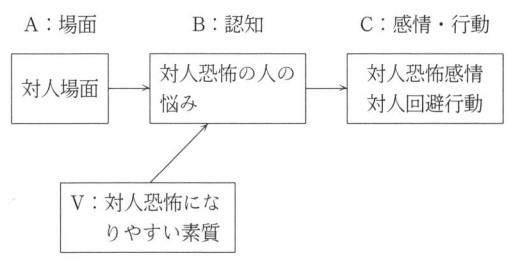

図2-4　対人恐怖を考える枠組み──ABC図式

に恐怖を感じるのでしょうか．まず，対人恐怖は，どんな人に対しても恐怖を感じるというのではなくて，恐怖を感じる特定の場面というものがあることが知られています．

笠原は『青年期』[8]という本のなかで，対人恐怖の人は，「半知り」の人を苦手とすると述べています．「半知り」というのは，あまり聞き慣れない言葉ですが，これは実際の対人恐怖の青年が使ったものだそうです．つまり，親とか兄弟といった親しい人のまえでは恐怖はなく，また逆に，新宿や渋谷の群衆のような見も知らぬ人たちのなかにいても恐怖は感じないのですが，苦手なのはその中間の，「半知り」の人たちだというのです．たとえば，同じ学校の生徒や先生，近所の人，親戚などです．顔は知っているのに名前は知らない人などがとくに苦手です．また，同じ人でも，初対面のときはまだよいのです．見知らぬ人に近いからです．ところが，2回目からはいけないのだそうです．しかし，何回も会って本当に親友になってしまえば，恐怖はなくなるのです．

これを支持するデータもあります．図2-5は，山下が対人恐怖の人100人に，どんな場面で恐怖を感じるかをきいたものです[9]．この図からわかるように，家族に対してはほとんど対人恐怖は生じていません．恐怖が強いのは，周囲の人（たとえば，学校の友人，先生，職場の同僚，顧客など）です．また，大衆（通行人，汽車の乗客，デパートの店員など）にもあまり恐怖は感じないようです．つまり，対人恐怖の人は，家族や全く知らない人に対してはあまり恐怖を感じることはなく，その中間にあたる学校や職場の人に対して強い恐怖を持つのです．このように，対人恐怖というのは，人間全般に対する恐怖なのではなくて，特定の対人場面に対する恐怖であるといえます．

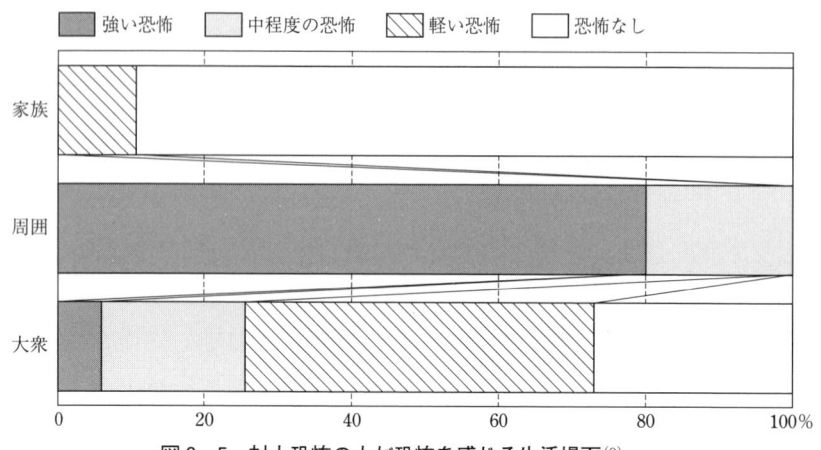

図2-5 対人恐怖の人が恐怖を感じる生活場面[9]
「家族」とは親しい家族のことを示す．
「周囲」とは学校の友人，先生，職場の同僚，顧客など．
「大衆」とは通行人，汽車の乗客，デパートの店員など．

　笠原は，対人恐怖を生じる場面の特徴として，ほかにもつぎのようなことをあげています．まず，子どもや老人など年が離れていると平気なのに，同年齢の人が苦手なことです．これは，同年輩の人だと自分と比べてしまい，劣等感などをもってしまいやすいからでしょう．また，2人ならよいが3人でいると不安になりやすいことです．さらに，特定の話題が決まっている場面はよいが，何となく雑談をするという状況が苦手であることです．この章の冒頭であげたMさんもつぎのようにいっていました．「クラスの知人と話すときでも，授業やサークルのこととか事務的なことを話す場合は少しよいのです．しかし，趣味の話など雑談をするような場面になると，何を話してよいのかわからず困ってしまいます．」

　ところで，このような日本の対人恐怖と，バスの理論を比較すると，日本とアメリカの対人不安の違いがいっそう明らかになります．61ページの表2-5をもう一度みてください．これは，バスが対人不安のおこりやすい場面をあげたものですが，ここであげた笠原の対人恐怖状況とはかなり違っていることがわかります．

　そこで，表2-8のように整理してみましょう．バスによると，対人不安は大勢の人の前でおこりやすいのですが，日本の対人恐怖は3人でいるとき

表 2-8　対人不安をおこしやすい場面の日米のちがい

特　徴	アメリカの対人不安 (Buss, 1980)[5]	日本の対人恐怖 (笠原, 1977)[8]
集団の大きさ	大勢の人の前	3人でいるとき
人物の熟知度	知らない人 初対面の人	少し知っている人・同年輩の人 (知らない人には恐怖は弱い)
公式さ	公式的な場面	非公式な場面（雑談場面）
評価の程度	評価される場面	評価されない場面（雑談場面）

Buss（1980）については，61ページの表2-5を参照してください．

に強まります．つぎに，バスは対人不安は知らない人に対して強くおこると述べています．シュレンカーとリアリィも，初対面の人に対すると対人不安がおこると述べています（68ページ参照）．これに対して，日本の対人恐怖では，笠原の述べるように，知らない人や初対面の人には恐怖は弱く，むしろ少し知っている人に恐怖が強くなるのです．さらに，バスやシュレンカーとリアリィによると，対人不安は公式的な場面や評価される場面で強まります．ところが，日本の対人恐怖では，公式的で評価的な場面では恐怖は少なく，むしろ雑談場面で恐怖が強まります．雑談場面は，非公式的であって，それほど評価的ではないと思われます．このように，アメリカの対人不安と日本の対人恐怖は，起こる場面が異なっているのです．このような特徴に，対人恐怖のナゾを解くカギがひそんでいると思われます．

B：対人恐怖の人はどんなことを悩んでいるか　対人恐怖の人はどのようなことを悩んでいるのでしょうか．これを調べた永井[10]は，表2-9のようにまとめています．これは，質問紙のデータをもとに，「因子分析」という数量的な方法を使ってまとめたものです．

対人恐怖の第1の悩みは，人とうまくつきあえないとか，集団にうまく溶け込めないといった悩みであり，**対人場面での行動の不調**と名づけられます．これは，表2-9にあるように，さらに3つの悩みにわけられます．

①他者とうちとけた行動ができない悩み（対人関係がぎこちない，仲間の中にとけ込めない，人が大勢いるとうまく対話の中に入っていけない，といった悩み）．

表2-9 対人恐怖の人はどのようなことを悩んでいるか

A 対人場面での行動不調（人とうまくつきあえない）
　① 他者とうちとけられない
　② 対人緊張が強い
　③ 視線がうまく使えない
B 関係的自己意識（人から自分がどう思われているか不安）
　① 人からの評価が気になる
　② 加害的な悩み
　③ 被害的な悩み
C 内省的自己意識（自分はダメだ）
　① 自己の不安定さと劣等感
　② 自己のコントロールの弱さ

永井（1994）[10]

②対人緊張が強い悩み（人前に出ると緊張する，人まえに出るとオドオドしてしまう，といった悩み）．

③視線がうまく使えない悩み（人と目が合わせられない，人と話をするとき目をどこにもっていったらいいかわからない，といった悩み）．

第2の悩みは，「人から自分がどう思われているか不安だ」といった悩みで，**関係的自己意識**と名づけられています．これも大きく3つの悩みにわけられます．

①人からの評価が気になる悩み（他人が自分をどのように思っているのかとても不安になる，職場・学校のクラス・近所の人に自分がどのように思われているのか気になる，といった悩み）．

②加害的な悩み（自分が相手に嫌な感じを与えているように思ってしまう，人と話していて自分のせいで座がシラけたように感ずる，といった悩み）．

③被害的な悩み（自分のことがみんなに知られているような感じがして思うようにふるまえない，友だちが自分を避けているような気がする，自分の弱点や欠点を他人に知られるのが怖い，といった悩み）．

これらは，他者から自分がどのように認知されるか，その評価についての不安や悩みをあらわしています．

第3の悩みは，自分はダメだと感じてしまう悩みで，**内省的自己意識**と名づけられます．大きく2つからなります．

①自己の不安定さと劣等感（気持ちが安定していない，何をするにも自信がない，すぐ自分だけがとり残されたような気分になる，といった悩み）．

②自己のコントロールの弱さ（ものごとに集中できない，根気がなく何事も長続きしない，といった悩み）．

　第1と第2の悩みが対人恐怖に特有のものであるとすれば，第3の悩みは，対人恐怖特有ではなく，不安障害や抑うつなどに一般的にみられる悩みといってよいでしょう．たとえば，抑うつ的な人も劣等感や自己のコントロールの弱さを感じて，自分はダメだと思いがちです．対人恐怖と抑うつには一部共通した部分があるわけです．

　ところで，以上のような悩みをみると，多くの人が一度は感じたことのあるものばかりといえるでしょう．その強弱には個人差があるでしょうが，悩みそのものは誰にでもあるものといえます．こうした悩みは，ある意味では，対人関係をよくしていくためには必要なものといえます．こうした悩みがあるから，それを改善することにより，対人関係が円滑に行くという側面もあるのです．このような対人関係の悩みをまったくもたない人は，かえって，対人関係を向上させる意欲のない人であるといえるかもしれません．

　対人恐怖の症状は，このようなふつうの悩みを土台として発生してきます．つまり，このような悩みを体験したときに，悩みの表れとして，赤面とか表情のこわばりとか視線のやり場に困るといった症状が自然に出てきます．このような症状をごく自然のものとして受け入れてしまえば，それで悩むことはないでしょう．ところが，表情や視線のような症状にこだわり，それらを自然のものとして受け入れようとせず，逆にそうした症状をなくそうとして悪戦苦闘してしまうのが対人恐怖です．表情や視線のような些末な症状にこだわってしまうと，逆に，対人関係のありかたを改善していくといった本質的な問題から目をそらしてしまうことになります．このように考えたのが，日本の精神医学者の森田正馬です．そこで，森田は，表情や視線への不自然なこだわりをなくしていくことが大切であると考え，「**森田療法**」という独自の治療技法を生みだしていきました（→84ページ参照）．

C：対人恐怖はどのような症状をともなうか　対人恐怖がどのような症状をともなうかについては，この章の図2-1（51ページ）でも簡単に触れました．また対人不安→対人恐怖→思春期妄想症という順に症状が重くなっていくことを述べました．ここでは，これらをくらべながら，対人不安の構造

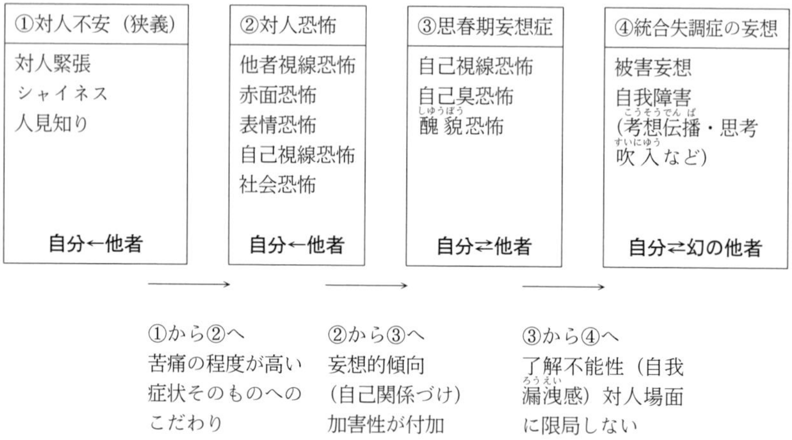

①対人不安（狭義）	②対人恐怖	③思春期妄想症	④統合失調症の妄想
対人緊張 シャイネス 人見知り	他者視線恐怖 赤面恐怖 表情恐怖 自己視線恐怖 社会恐怖	自己視線恐怖 自己臭恐怖 醜貌（しゅうぼう）恐怖	被害妄想 自我障害 （考想（こうそう）伝播・思考吹入（すいにゅう）など）
自分←他者	自分←他者	自分⇄他者	自分⇄幻の他者

①から②へ　苦痛の程度が高い　症状そのものへのこだわり　→　②から③へ　妄想的傾向（自己関係づけ）加害性が付加　→　③から④へ　了解不能性（自我漏洩（ろうえい）感）対人場面に限局しない

図2-6　対人不安・対人恐怖・思春期妄想症・妄想の比較

を詳しくみてみたいと思います．図2-6をみながら説明しましょう．

まず，①対人不安にくらべて，②対人恐怖にはどのような特徴があるでしょうか？　第1は，DSM-IVの「社会恐怖」の説明（52ページ）でも述べたように，対人不安にくらべて，対人恐怖は苦痛がかなり強いのです．また，人づきあいを避けようとする回避行動が強く，生活を妨害するようになります．第2の違いは，対人恐怖は，赤面とか表情とか視線といった症状へのこだわりが強いということです．まえの節でも述べたように（75ページ参照），人づきあい上の悩みは，自然に赤面とか表情のこわばりとか視線のやり場に困るといった症状を伴いますが，このような症状を受け入れようとせずに，こだわってしまい，それらをなくそうとして悪戦苦闘してしまうのが対人恐怖です．

つぎに，②対人恐怖にくらべて，**③思春期妄想症**にはどのような特徴があるでしょうか？

第1は，妄想的な傾向が強まることです．妄想というのは，第3章でくわしく述べますが，客観的にみれば誤った信念ですが，本人はそのことを強く確信し，まわりの人がいくら説得しても，それを訂正することができない状態をさします．思春期妄想症でも，確信の度合いは強いものがあります．自己視線恐怖では自分の目つきが悪いと確信し，自己臭恐怖では自己から強い臭い（しゅうぼう）が出ていると確信し，醜貌恐怖では自分の容貌が悪いと確信している

のです.

　しかし,客観的にみると,そうした人の目つきや容貌は特によくないわけでもなく,体臭が特に強いわけでもないのです.しかし,まわりの人の何気ない動きなどが,すべて確信を裏づけるもののように感じられてしまうのです.たとえば,自己臭恐怖の人は,「話し相手が鼻に手をやったのは,私の体が臭うから,鼻をつまんでいるのだ.それが臭う証拠だ」のように考えてしまいます.客観的にみると,相手が鼻に手をやったのは,臭うからではなくて,単に鼻がかゆかっただけかもしれません.なのに,まわりの出来事を何でも自分と関係づけてしまうのです.この自分への関係づけの有無が対人恐怖と思春期妄想症とをわけるポイントになります.

　対人恐怖と思春期妄想症との第2の違いは,加害性が強いかどうかという点です.対人恐怖の段階は,図に描いてみると,「**自分←他者**」という方向性であらわされます.つまり,他者視線恐怖は,他人から自分が見られることを気にするものですし,赤面恐怖や表情恐怖は,他人から見られたときに,赤面したり表情がこわばることを気にするものです.これらは,いわゆる自己意識の過剰の状態であり,他者から見られる自分にこだわっているわけです.

　これに対し,思春期妄想症では,「**自分⇄他者**」とでもあらわせます.つまり,自分→他者という加害性が出てくるのです.自分が相手に不快感を与えている,自分がまわりに迷惑をかけている,という確信が出てくるのです.そして相手を不快にしているから,相手から嫌われているのだといったように被害性も出てきます.このように,対人恐怖では,自己と他者の関係が一方向性だったものが,思春期妄想症では両方向となり,加害性と被害性が密接にかかわるようになってきます.その分,複雑になり,後戻りしにくくなるわけです.

　最後に,図2-6で,③思春期妄想症と,④統合失調症の妄想とをくらべてみましょう.第1のちがいは,「了解不能」ということです.一定の状態に置かれたら,ふつうの人でもそのように考えるだろうと理解できることを「了解可能」と呼びます.統合失調症の妄想は,ほとんど証拠もなく,突然そう思いつくのであって,ふつうの心理からは了解しにくい部分があります.たとえば,統合失調症には自我障害という現象があらわれます.

自我障害というのは，テレパシーのような非物理的な手段によって，自分の考えが他人に知られてしまうと感じられたり（自我漏洩感），自分の考えが誰かに操られたりすると感じられたりすることです．思春期妄想症では，このような自我障害はみられません．自分の身体から臭いが出ているという感じ（物理的漏洩感）はあっても，自分の考えていることが外に漏れているという心理的な自我漏洩感はないのがふつうです．これに対し，統合失調症の妄想では，自我障害が強くなります．たとえば，自分の考えがまわりの人につつぬけになるように思う「考想伝播」とか，逆に，他人の考えていることが直接的に自分のなかに入ってくるように思う「思考吹入」などの現象があらわれます．この感じは，自分と他者とを隔てている心理的な自我境界が崩壊していることを示します．ここでの他者は，現実に存在する他者ではなくなり，幻聴や妄想の中での「幻の他者」となります．したがって，図示すると「**自分⇄幻の他者**」とでも書き表せます．こうした幻の他者との被害・加害的な関係が生じてくるわけです．これについては，第3章でくわしく述べることにします（112ページ参照）．

　第2の違いは，統合失調症は生活領域すべてにわたっておこるということです．思春期妄想症の場合は，不安は対人場面にかぎられており，自分ひとりになると低まります．これに対し，妄想では，対人場面に限定されなくなり，人といっしょにいない状態でも，強い確信を持ち続け，不安を感じ続けます．

　V：どのような人が対人恐怖になりやすいか　それではどのような人が対人恐怖になりやすいのでしょうか？　まず，対人恐怖の人の性格特徴が調べられています．それによると，人に好かれたいといった他者志向的な欲求をもつと同時に，負けず嫌いで他者を優越したいという欲求をもつといったように，相矛盾する性格をもつことが特徴であるとされています．対人恐怖の人の矛盾する性格については，多くの臨床家が指摘しています．例えば，外面のおとなしさと内心の負けず嫌い，小心さと傲慢さ，弱気と強気，甘えたいが甘えたくない，嫌われたくない欲求と人に負けたくない欲求，といったぐあいです．

　意外に思われるかもしれませんが，対人恐怖の人には，強気の側面がある

のです．自分をよくみせたい，人に負けたくないといった，強気の側面です．シュレンカーとリアリィの理論でも，対人不安の底には，積極的に自分をよくみせたい，自尊心を高めたい，自分の社会的存在価値を高めたいという欲求があります．それがかなえられないから不安になるわけです（65ページのA氏の例を思い出してください）．このような欲求は人間の向上心のあらわれであり，向上心があるからこそ，うまくいかないと不安になるわけです．

つぎに，対人恐怖と家庭環境を調べた研究もあります．それによると，対人恐怖の人は，愛情としつけがしっかりした家庭で育った人が多いようです．問題の少ない家庭環境のなかで，よい子意識や，負けず嫌い，自尊心などが育まれ，それが対人恐怖と関連してくるのでしょう．

最後に指摘しておきたいのは，**文化による差**です．つまり，日本の文化そのものが対人恐怖になりやすい傾向をもっているということです．このことを示した小川ら[11]の研究を紹介しましょう．小川らは，①日本の対人恐怖症の人，②一般の日本人大学生，③在日アメリカ人留学生，④在米アメリカ人大学生の4つのグループを対象として，対人恐怖意識の質問紙を行いました．用いた質問紙は，対人恐怖症の人の悩みを8つの側面に分けたものです．その結果を，図2-7に示します．

図2-7から，興味深いことがわかります．対人恐怖症の人が最も高いのは当然のことですが，②日本人大学生は，④在米アメリカ人大学生よりも，対人恐怖意識がかなり強いのです．③在日アメリカ人留学生と④在米アメリカ人大学生のあいだにはほとんど差はありません．こうしたことは，アメリカ人にくらべ，日本人には対人恐怖意識が強いことを示しています．

前述のように，日本の対人恐怖と，DSM-IVの社会恐怖をくらべると，症状にはややズレがあります（52ページ）．恐怖症の種類を調べると，日本では対人恐怖症の割合が高いのに対して，欧米では広場恐怖症が多いという報告もあります．広場恐怖症というのは，ある一定の空間を怖れる恐怖症のことです．また，対人不安の発生する状況もアメリカと日本ではかなり違うことも述べました（75ページ）．このように，対人不安のあらわれかたには，文化の差が大きいようです．なぜ文化によって異なるのかについては，今後の大きな研究課題として残ります．

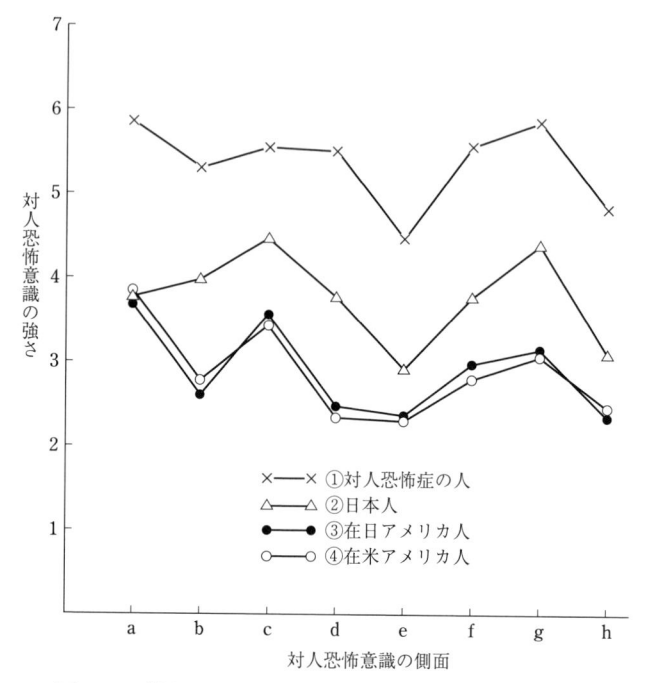

図2-7 対人恐怖意識の日米の比較（小川ら，1979）[11]

対人恐怖意識の8つの側面は，つぎのようなものをあらわしています．a) 多勢の人に圧倒される悩み，b) 自分に満足できない悩み，c) 気分が動揺する悩み，d) うまく人とつきあえない悩み，e) 気分のすぐれない悩み，f) 自分や他人が気になる悩み，g) 内気である悩み，h) 目が気になる悩み．

2.4 対人不安と上手につきあうために

時が解決してくれる　これまで述べてきたように，対人不安を感じている人は，決して少なくありません．とくに青年期には，対人不安がかなり高まります．54ページの図2-2をもう一度みてください．他者視線恐怖傾向は，15〜17歳でピークになっています．この年齢では，5割くらいの人が他者視線恐怖を感じているのです．この時期は，高校や大学に進学したり社会に出たりなど対人関係のネットワークが広がるので，それに伴って新しい対人関係ができて不安が生じることは少なくないのです．

　それに加え青年期は自己意識が高まる時期です[12]．バスの理論にみるよ

うに，自己意識の高まりは対人不安を引き起こすひとつの原因です．たとえば，周囲の人に自分がどのように思われているのかひどく気にかけたり，自分が相手に嫌な感じを与えているかいつも気にしたりします．こうした過剰な自己意識が対人不安となって現れるのです．

対人不安は時が解決してくれるという側面があります．図2-2に示されるとおり，他者視線恐怖傾向は，20歳台の後半には，10％台まで下がります．なぜ成長とともに対人不安がなくなっていくのかはまだわかっていませんが，対人不安で困っている人にとっては，このことを知るだけでも少し気が楽になるかもしれません．

対人不安は恥ずべきことではない　もうひとつ，日本の文化そのものが対人不安意識が強いことも述べてきました．図2-7に示したように，アメリカ人とくらべて，日本人全体が対人不安意識が強いのです．自己主張の強いアメリカの文化とくらべて，日本の文化は，まわりの人に気を遣い，周囲との協調を尊重し，仲間はずれにならないことが大切だという考えが強いようです[13]．まわりに気をつかってうまくふるまっているような人でも，多かれ少なかれ，対人的な不安はもっているものです．むしろ，日本では，多少の対人不安をもっていたほうが，対人関係は円滑にいくのかもしれません．対人不安を全くもたない人は，恥を知らない人として，ネガティブな評価を受けます．日本の文化では，対人不安をもっていることは，決して恥ずべきことではなく，むしろ望ましいことといえます．このことも，対人不安で困っている人は，知っておくべきだと思われます．

自分をありのままに受け入れる　対人不安の苦悩感は非常につよいものがあるため，上のようなことでは慰めにならないかもしれません．苦悩感があまりに強い場合は，もっと積極的に対処していく必要があるでしょう．77ページで述べたように，森田によると，人づきあいでの悩みをもったときに，表情や視線のような症状にこだわり，そうした症状をなくそうと悪戦苦闘してしまうのが対人恐怖です．表情や視線のような些末な症状にこだわりすぎると，対人関係のありかたを改善していくといった本質的な問題から目をそらしてしまうことになります．

対人不安が強い人は，完全主義的で自分に対して求める姿が高すぎるため，高まった自己意識に悩み，対人場面での不安を強めてしまうのです．負けず嫌いで，人より劣る自分が許せないために，人まえで必要以上に緊張してしまう人もいるでしょう．まえに述べたように，対人恐怖の人には，自分をよくみせたい，人に負けたくないといった，強気の側面があります（80ページ）．このような向上心があるからこそ，うまくいかないと不安になるわけです．向上心と不安は盾の両面なのです．しかし，自分をよくみせたいのはわかりますが，それが，自分の実力を反映したものかどうかを考えてみることです．見栄を張って，自分を実力以上にみせようとしていないか．ありのままの自分をみせようとしているか．こうした点を自問してみることです．

　自分は自分でしかたのないものです．現実を無視して観念的な理想を追求する気持ち（たとえば，友達と話しをするときには，自分の弱みを見られないようにうまくふるまいたいという思い）が，不安を強まらせるのでしょう．このような不安から逃れるためには，現実を，自分を，ありのままに受け入れてしまってはどうでしょう．例えば，失敗してしまった自分，人前であがってしまう自分，かっこよくない自分，うまくいかない現実……，非現実的な"こうありたい自分"に疲れてしまったときは，あなたはあなたでそのままでいい，と考えてみましょう．現実は思いどおりには行かないのですから．つぎに紹介する森田療法でも，自分の現実を「あるがまま」に受け入れていく態度を体得することを目的のひとつとしています．

　森田療法の考えかた　自分で解決しようとしてみて，うまくいかない場合は，カウンセラーや精神科医などの専門家に相談してみることをおすすめします．

　対人恐怖に対する日本独自の治療法として有名なのは，**森田療法**です．森田正馬は，表情や視線などの症状に対するこだわりをなくしていくことが大切であると考え，森田療法という独自の治療技法を生みだしたのです．症状への不自然なこだわりをなくして，本質的な対人関係上の悩みに直面していくことこそ重要であると考えたのです．森田療法は，「絶対臥褥法」や「作業療法」など特殊な方法を用いますが，それらは症状へのこだわりを断ち切り，自分で対人関係上の悩みに直面していくことをめざすものです．

入院森田療法を実施しているある病院では，以下のようなことが行われています(14)．まず，最初の一週間は，絶対臥褥(がじょく)の期間です．そのあいだはベッドに寝たきりになり，食事，用便以外にベッドを離れることは許されず，読書や会話も禁止され，ひたすら自分の悩みだけを考え，悩みと対決をさせられます．そのため，数日のうちに強い不安に襲われることもあります．一週間目が近づくころには，退屈感が強くなり，身体的・心理的レベルで活動したいという健康な欲求に気づくようになります．いろいろな感情をそのまま感じ，それらは自分の考えで操作できないものとして経験することが臥褥(がじょく)期のテーマです．

　そのあとで作業療法が取り入れられます．最初の数日から一週間くらいは，軽い作業をしたり日記を書いたりします．治療者は，個人面接や日記へのコメント，治療の場への直接的関与（作業グループを治療者側のリーダーとしてまとめてゆくこと，レクリエーションへの参加など），合同ミーティングなどをとおして入院している人の心の変化を援助します．その後（2〜3カ月）は，積極的にさまざまな作業を集団で，他の入院者と共同して行います．作業とは，食事を作る以外の生活をするためのあらゆることと園芸，動物の世話，陶芸が含まれます．作業は午前と午後に共同して行い，その後，グループでのレクリエーション，入浴や食事，入院者自身が司会をするミーティングなどがあります．この時期に入院者は，臥褥(がじょく)期で気づいた"活動したい"という健康な欲求を現実の入院生活での作業や対人関係で発揮するように促されます．同時に，入院者は自分の完全主義的な考えを指摘され，その解決を援助されます．

　森田療法では，考えかたや認知のしかたを重視し，症状を自分でコントロールしていくことをめざしています．この点，認知療法（1章40ページ参照）と共通することが多いため，最近，ふたたび注目を集めるようになっています．森田療法については，すばらしい本がたくさんありますので，詳しくはそちらを読んでみてください．

参考文献
クラーク・エーラーズ（丹野義彦編訳）　2008　対人恐怖とPTSDへの認知行動療法――ワークショップで身につける治療技法．星和書店．
鍋田恭孝　1997　対人恐怖・醜形恐怖．金剛出版．

永井撤　1994　対人恐怖の心理．サイエンス社．
笠原嘉　1977　青年期．中公新書．
リアリー（生和秀敏監訳）　1990　対人不安．北大路書房．
坂野雄二　2000　ひとはなぜ人を恐れるか：対人恐怖と社会恐怖．日本評論社．
坂野雄二・丹野義彦・杉浦義典編　2006　不安障害の臨床心理学．東京大学出版会．
菅原健介　1998　ひとはなぜ恥ずかしがるのか．サイエンス社．

森田療法についての参考文献
北西憲二　1998　実践・森田療法．講談社．
森田正馬　1998　対人恐怖の治し方．白揚社．
鈴木知凖　1986　神経症はこんな風に全治する：森田療法の道．誠信書房．
渡辺利夫　1996　神経症の時代：わが内なる森田正馬．TBSブリタニカ．

コラム 2 ── 摂食障害
拒食症と過食症

　思春期の人（特に女性）において発症しやすい精神疾患に摂食障害があります．摂食障害には大きく分けて「神経性無食欲症」（拒食症）と「神経性大食症」（過食症）があります．

　神経性無食欲症は，思春期，特に思春期の女子に見られる極端なやせと無月経，および拒食や過食などの食行動異常を特徴としています．神経性無食欲症の人は，極端にやせているのに自分がやせすぎていることを認めません．また，体重が増えることに強い恐怖を感じています．食事はとらないか，とっても手を口に突っ込んで吐き出したり，下剤や利尿剤を使用したりして栄養をとらないようにしています．栄養をとらない割に患者の多くは活動的になっています．自尊心は体型と体重に依存し，減量はすばらしく自己鍛錬の結果であると考えられ，逆に体重増加は自制心の欠如と感じられます．10代なかばに発症することが多く，17, 18歳をピークとし約85%の患者が13～20歳で発症するといわれています．アメリカでは思春期の女子の0.5%～1%に見られ，男性の10～20倍の割合で女性に多くみられます．

　発症には文化的背景の存在が考えられます．すなわち，神経性無食欲症は産業化された社会（欧米，日本，オーストラリア，南アフリカなど）において多くみられます．これらの地域では，食べものが豊富にあり，とりわけ女性にとってはやせていることが魅力的とされる傾向があります．また，やせている人は「自己コントロールできる理性的な人間」というイメージで迎えられます．アメリカでは中年管理職者が体重コントロールをしているという話も聞きます．このやせていることに伴う社会的な「メリット」が，産業化された文化における神経性無食欲症の多発の一因になっているのでしょう．

　神経性大食症は，むちゃ食いを繰り返すもので，患者はそれを自分で抑えられないと感じています．むちゃ食いとは，限られた時間（通常は2時間未満）において，同様の環境でほとんどの人が食べると思われる量よりも明らかに大量の食物を食べることで，終日少量の間食を続けるというのはむちゃ食いには含まれません．むちゃ食いは，普通は隠れて，できる限り人目につかないように行われます．むちゃ食いは，不快な気分状態，対人関係におけるストレス，ダイエット後の強い空腹感や，体重・体型に関連した感情がきっかけとなって

起こることが多いようです．むちゃ食いにより一時的に不快気分はやわらいでも，そのあとで強い自責感・罪悪感と抑うつ気分が続くようです．

　患者は体重が増加しないように，下剤を使ったり自分で吐いたり過剰な運動をしたりしています．また，自分の体型や外見についてほかの人にどうみられるかを過度に心配しています．神経性無食欲症よりも頻度が高く，若い女性の1〜3%に起こると見積もられています．神経性無食欲症よりもやや遅れ，10歳代後半から20歳代の早い時期に好発します．この疾患も神経性無食欲症と同様に，産業化された社会において多くみられます．

　摂食障害の原因は，①発達初期の問題，②対人関係のゆがみ，③性心理的な成熟に対する恐怖，④パーソナリティの特性の特徴，⑤誤った行動パタンの学習，⑥生物学的要因，⑦社会的要因などさまざまですが，多くの患者に完全主義などの誤った態度がみられることがひとつの特徴です．

　ガーナーらは，体型と体重についての誤った態度が神経性無食欲症を生じさせる重要な要因であるとし，推論のゆがみから神経性無食欲症が生じると説明しています（推論のゆがみについては，第1章の28ページを見て下さい）．患者は過酷なダイエットをしますが，ダイエットを続けていることが患者自身に全能感・価値観・自己コントロール感を与えるので（自己強化），さらにダイエットが続いてしまいます．このようなダイエットの根底に，推論のゆがみがあるのです．彼らは患者の典型的な推論のゆがみを表のようにまとめました．ただし，推論のゆがみの頻度や特異性（神経性無食欲症だけに見られるゆがみかその他の精神疾患にもみられるものか）については，さらに研究が必要です．

参考文献
青木紀久世　1996　ライブラリ思春期の"こころのSOS"5　拒食と過食：こころの問題へのアプローチ．サイエンス社．
Garner, D. M., & Bemis, K. M. 1982 A cognitive-behavioral approach to anorexia nervosa. *Cognitive Therapy and Research*, **6**, 123-150.
マックリー，C.，廣中直行（訳）　1996　第5章・摂食障害と肥満．丹野義彦（監訳）　認知臨床心理学入門：認知行動アプローチの実践的理解のために．東京大学出版会．

表 神経性無食欲症における推論の誤り.(マックリー,1996)より引用

推論の誤りの形式	神経性無食欲症に特徴的な例
恣意的推論(無関係な証拠から結論を導く)	「みんなが私を見るのは,私のお腹がとてもふくれているからだ」
選択的注目(明らかなことを無視し,細かいことにこだわる)	「体重が減らないかぎり,良い気分にはなれない」(体重が自己評価の唯一の基準になっている)
過度の一般化(ひとつ悪いことがあると,すべてだめになると考える)	「これに成功できなかったから,きっとすべてのことがうまくいかないだろう」
完全主義的・二分法的思考(ものごとを極端に考える)	「何でも完全にできなければ,まったくできないのと同じことだ」
破局化(最悪のことをつねに考える)	「体重が1ポンド増えた.だから,もう肥満に向かって進んでいる」
should思考,must思考(何でも「～べきだ」とか「～でなければならない」と考える)	「脂肪の多い食物は避ける・べ・き・だ」「これらの運動を毎日実行し・な・け・れ・ば・な・ら・な・い」

❸──妄想と自我障害
統合失調症の世界

妄想と自我障害——いま，電車のなかでこの本を読んでおられる方．あなたの近くの人があなたの事を見て，なにかメモしていました．家で読んでいる方．部屋の照明のなかには小型カメラがしかけてあって，あなたのことを監視しています……．なんてことはないでしょうけど，こんなあるはずのないと思われることを，本当にあると強く信じてしまうのが「妄想」です．多くの場合は大変つらい経験となります．この章では，私たちのこころのなかにひそむ統合失調症的な心理について，自分のこころから考えてみましょう．

●この章の内容とテスト

3.0　はじめに・統合失調症とはどんな状態か ……………………93
3.1　統合失調症とは何か ……………………………………………95
　●テスト3-1　パラノイア尺度 ……………………………96
3.2　統合失調症をどうとらえるか
　　（1・原因帰属からみた妄想）……………………………………107
3.3　統合失調症をどうとらえるか
　　（2・自己意識理論からみた自我障害）…………………………112
3.4　統合失調症の治療について……………………………………124
参考文献 ………………………………………………………………127

コラム3　ストーカーと妄想 ……………………………………129

3.0 はじめに・統合失調症とはどんな状態か

統合失調症はいまだに原因が特定されていない精神疾患です．一生に一度でもこの疾患にかかった人を数えると（生涯有病率），1000人あたり8.5人になります[1]．自分とは関係がないと思う読者も多いことでしょうが，誰もがもっているありふれた心理現象を土台として生じてきます．この章では，統合失調症の症状と，そのしくみについて考えます．その過程から，こころというものの奥行きの深さを感じてもらえればと思います．

統合失調症の症状はきわめて複雑で多彩です．以下，山下[2]の教科書から主観的な世界の描写を引用します（一部表記を改変してあります）．

統合失調症の主観的世界　最初は，まわりの様子や出来事が，奇妙に恐ろしく感じられる．たとえば，風に揺れる並木，車の走る音，人びとの話し声が，ただ偶然におきているのではなく，何か自分に関係があって，何かを暗示するような，何か不気味な暗合があるような，ひどく恐ろしい感じである（**妄想気分**）．

その一方で，いま起きていることの意味が，急にはっと感じとれるときがある．風に揺れる並木は「身に迫る危険のサイン」に，車の走る音は「町中が自分を追いかける響き」に，人びとの話し声は「自分への非難」に感じとれる．みな理由はわからないが，意味だけははっきりと感じとれるのである（**妄想知覚**）．

そのうちに，まわりでおこることに何となく見当がついて，それなりの意味づけができるようになる（**妄想着想**）．何の目的で誰がしているかは確かでないが，家のなかに隠しカメラのようなものがあって，どこにいても，風呂場やトイレでも，壁を突き抜けて，たえず自分の姿・行動が見られている．それが町中に電波か何かで伝えられ，道で会う人がみんな自分の考えや行動を知っていて（**思考伝播**），探るようにこちらを見る（**注察妄想**）．バスに乗ると，みんなが自分のうわさをする．それは皆の表情・しぐさ・笑い・話し声・雰囲気などでピンとわかる．バスを降りても，見張り役のように誰かが自分のあとをつけてくる（**追跡妄想**）．職場ではもちろん皆が何でも知って

いて，表情やしぐさや言葉で暗示めいたサインを送るので，こちらもサインで返すと相手にも意味が伝わる．自分が口で言わなくとも，考えるだけで，こころが相手に伝わる．それはテレビでも同じで，アナウンサーは自分のことを知って関係のあることを話すし，自分が何か思うと，それに対して返事をしてくる．放送の言葉そのものは変わらなくとも，言葉の裏の意味が伝わるので，テレビと対話ができる．

　まわりの雰囲気の変化も，それなりに理由がわかってくる．たとえば，誰かがおそらく自分をねたんで，いやがらせをしていると思う．昔の友人たちに連絡してうわさを広げている．**警察や暴力団にまで手を伸ばして，自分を監視させている．自分の様子を探るために，たえず車で家のまわりを走り，窓からのぞきこむ．机のうえのものがなくなったり置き場所が変わったりするのは，誰か手下のしわざと思う．警察や新聞社に訴えても，まじめに取りあげてもらえないのがくやしい（被害妄想）．しかし，これだけ皆が騒ぐのは，自分が特別の人物であるからかもしれない．相手の考えがピンとわかり，こちらの意志もパッと伝えられるのは，自分が超能力者になったからだ．あるいはキリストの生まれかわりではないか（誇大妄想）．

　この異様な意味づけと関連して，しばしば相手の思い・考え・意図・返事が，ただの態度や身振りだけでなく，言葉になって伝わることがある（**幻聴**）．たとえば，誰かが隠しカメラで自分の様子・行動を見て，「……着替えをしてる，……風呂に入る，……デブ，ブス」と，多くは非難めいたコメント入りの実況放送をする．それに答える動作をすると，すぐ声が反応する．自分の考えにコメントする声が入り，反論するとまた言い返してくるので，いつまでも言い合いになる（**対話形式の幻聴**）．あるいは複数の人たちが自分のことをうわさする声のこともある．その声に聞き入り，あるいは言い合いをするため，つい無言で，あるいは反論を小声でぶつぶつ口にしながら，部屋の隅に立ち尽くすようなこともある（**独語**）．声の主は，いつも特定のひとり，あるいは多数の知人，まったく知らない人，有名人，宇宙人，亡くなった父母など，さまざまである．

3.1 統合失調症とは何か

あなたの被害妄想度をはかってみよう　つぎの**テスト3-1**に答えてみましょう．指示にしたがって，質問に答えてください．答えおわったら，20項目の合計点を出してください．このテストは，フェニグスタインとバナブルが作成した「パラノイア尺度」を筆者（丹野）らが翻訳したものです[3]．

パラノイア尺度は，健常者の被害的な妄想様観念をはかることを目的として作られています．妄想様観念とは，DSM-IVによると，「妄想ほどの強さはない観念で，自分が苦しめられている，迫害されている，または不当に扱われているという疑念（ぎねん）」と定義されています．

このテストには，つぎのような意味をもつ項目が含まれています．①誰か（何かの力）が，私の行動に影響を与えようとしている，あるいは私の思考をコントロールしようとしている，という考え．②いろいろなやりかたで，他人が私に反対しているという考え．③誰かが私について話したり，引き合いに出したり，注視しているという考え．④他人の行動の動機に対する猜疑（さいぎ）や不信．⑤敵意・怒り・反感の感情，などです．フェニグスタインらは，このテストを開発することによって，妄想様観念は健常者にも一般的にみられるものであり，それほど珍しいものではないことを見いだしています．

テスト3-1「パラノイア尺度」・結果のみかた　このテストを日本の大学の1，2年生428名に答えてもらったところ，平均値は28.3となり，標準偏差は10.7となりました．カットオフ点は，平均値＋2×標準偏差で，49.7点となります（「標準偏差」や「平均」については巻末解説1を見て下さい）．つまり，このテストの得点が50点以上の場合は，被害妄想的傾向があると考えられます（100ページ参照）．

なお，このテストではかられるのは妄想様観念のごく一部にすぎません．妄想性障害などの診断は，専門家が情報を総合して行うものですから，このテストだけから安易に自己診断をするのは危険ですので注意してください．

統合失調症の多彩な症状──陽性症状と陰性症状　統合失調症は，以前は

● テスト 3-1　パラノイア尺度 (3)

> 以下の 20 項目は，ふだんのあなた自身にどの程度あてはまるでしょうか。0〜4のうち最も近いと思うものをひとつ選び，数字を○で囲んで下さい．あまり時間をかけずに，最初に思ったとおりに答えて下さい．

	全く当てはまらない	どちらかといえば当てはまらない	どちらともいえない	どちらかといえば当てはまる	かなり当てはまる

1. 私のアイディアを盗んで自分のものにしようとしている人がいる　　0 — 1 — 2 — 3 — 4
2. 両親や家族は，必要以上に私の欠点をあらさがしする　　0 — 1 — 2 — 3 — 4
3. 人の身に何が起きようと，誰も本当はあまり気にかけていない　　0 — 1 — 2 — 3 — 4
4. 世間からひどい扱いを受けていると思う　　0 — 1 — 2 — 3 — 4
5. たいていの人は，利益や優位を失うよりは，それを得るために何らかの不正な手段を使うものだと思う　　0 — 1 — 2 — 3 — 4
6. 人が他人に対していいことをするのは，何か隠された理由があるからだと思う　　0 — 1 — 2 — 3 — 4
7. 誰も信じない方が安全だ　　0 — 1 — 2 — 3 — 4
8. 見知らぬ人が批判的な目で私を見ていると感じることがよくある　　0 — 1 — 2 — 3 — 4
9. たいていの人は，自分にとって利用価値がありそうだという理由で友人をつくる　　0 — 1 — 2 — 3 — 4
10. 私の考えに影響を及ぼそうとする人がいる　　0 — 1 — 2 — 3 — 4
11. かげで私のことがうわさされているのを知っている　　0 — 1 — 2 — 3 — 4
12. たいていの人は，他人を助けようと骨を折ることを心の中では嫌だと思っている　　0 — 1 — 2 — 3 — 4
13. 予想以上に親しくしてくる人には警戒するようにしている　　0 — 1 — 2 — 3 — 4
14. 人は私に対して侮辱的で思いやりのないことを言う　　0 — 1 — 2 — 3 — 4
15. 人は私を失望させる　　0 — 1 — 2 — 3 — 4
16. 外や車の中や店の中にいる人からじっと見られて迷惑に思う　　0 — 1 — 2 — 3 — 4
17. 私に恨みを持っている人がいる　　0 — 1 — 2 — 3 — 4
18. ときどき誰かにつけられているように感じる　　0 — 1 — 2 — 3 — 4
19. 理由もないのによくひどい目にあわされていると思う　　0 — 1 — 2 — 3 — 4
20. 自分が最初に考えつかなかったという理由だけで，人は私のよいアイディアをねたむ　　0 — 1 — 2 — 3 — 4

● [合計点の出しかた] 20項目全部の得点をたして下さい．
● [結果のみかた]　→95ページ，100ページ，126ページ

表3-1 統合失調症のおもな症状

陽性症状（人がふつう持たない異常な心理現象）
　幻覚（実際には対象がないのに，何かが知覚されること）
　　幻聴（実際には対象がないのに，何かが聞こえること）
　　幻視（実際には対象がないのに，何かが見えること）
　妄想（他人から説得されても訂正されない誤った信念）
　　被害妄想（誰かから害を加えられ，苦しめられているという妄想）
　　誇大妄想（自分を過大に評価する妄想）
　自我障害（自分の考えが他人につつぬけになったり，誰かに操られると感じられる体験）
　　自我漏洩体験（自分の考えが他人につつぬけになっていると感じられる体験）
　　作為体験（誰かが考えを吹き込んでくるとか，誰かに命令され操られると感じられる体験）

陰性症状（ふつうの心理機能が減少したり欠落したりした症状）
　連合弛緩（話の文脈のまとまりが悪いこと）
　自閉（自分の内面の主観的世界に閉じこもり，外の現実への関心を失うこと）
　感情の平板化（自然な喜怒哀楽の感情に乏しくなること）
　両価感情（同一の対象に対して，愛と憎しみ，行動しようとする意志としまいとする意志のように，相反する感情や意志が同時に起こること）

精神分裂病と呼ばれていましたが，いったい何が「分裂」するのでしょうか？ よく，二重人格とか，裏表のある性格と混同されますが，これらとは違います．精神分裂病と命名したのは，ブロイラーという精神医学者です[4]．ブロイラーによれば，この病気になると，感覚，知能，観念，運動といった個々の心理機能は正常なのに，それらを統一する機能（いわゆる人格機能）が正常に働きません．このため，人格の統一を失い，個々の心理機能が「分裂」します．そこで，ブロイラーは精神分裂病という名前をつけたのです（なお，「精神分裂病」という呼称は，一般の人に偏見と誤解を与え，この病気についての偏見を助長すると考えられることから，2002年に「統合失調症」に呼称が変更されました．これについては巻末解説7を見て下さい）．

統合失調症の症状は多彩ですが，大きくは，表3-1に示すように，陽性症状と陰性症状に分けられます．「陽性症状」とは，人がふつうもたない異常な心理現象のことで，幻覚・妄想・自我障害などが含まれます．これは急性期（病気の初期）に多くみられます．一方，「陰性症状」とは，ふつうの心理機能が減少したり欠落したりした症状をさしており，連合弛緩・自閉・感情の平板化・両価感情などがあります．これは病気が慢性化した時期に目

立ちます．以下では，これらの症状について，それぞれ説明していきます．

幻覚とは　幻覚というのは，実際には対象がないのに，何かが知覚されることです．

軽い幻覚は，健康な人でも体験することがあります．主なものには，①知覚遮断時の幻覚，②幻覚を起こさせる物質による幻覚，③入出眠時の幻覚があります．

このうち，①知覚遮断というのは，刺激となる感覚の量が減少したり，意味のある刺激が減少することです．例えば，海・雪山・砂漠とか，飛行機・自動車の操縦席とか，病院の集中管理室などでは，環境からの刺激が単調になり，知覚遮断に近い状況が作られることがあります．このような状況では幻覚がおこりやすいことが知られ，探検家や遭難した人，パイロットや長距離トラックの運転手などが，このような状況で幻覚を体験したという報告があります[5]．

たとえば，荻野は，山で遭難した人の幻覚を報告しています[6]．4名の学生が冬山で遭難し，あとで助けられました．この4名の話を聞いたところ，3名は幻覚を体験していました．笹が死体や死体置き場に見えるなどの錯覚からはじまり，死体・棺桶・お菓子の小屋・ジャガイモ・リフト・人家の煙など，いろいろなものが見えたということです．ここで，死体・棺桶は「死への不安」をあらわすものとして，お菓子の小屋・ジャガイモは「食べたいという欲求」をあらわすものとして，リフト・人家の煙は「救助されたいという欲求」をあらわすものとして理解できます．つまり，幻覚の内容は，不安や願望の表現として理解できるものに限られていました．また，幻覚は，自分や他人からの批判によって容易に消失したということです．4名のうち1名が最初に幻覚を体験し，それに影響されて，ほかの2名が幻覚を体験していました．ロールシャッハ・テストの結果では，4名とも平均に近い性格でしたが，最初に幻覚を見た学生はやや神経症的な面があり，幻覚を見なかった学生は最も情緒的に安定していました．つまり，同じような極限状況におかれても，幻覚を体験する人としない人がいることがわかります．

知覚遮断実験といって，人工的に知覚遮断状況を作り出す実験も行われています．この実験では，意味のある刺激が減少したり，体の動きを制限され

たりすることによって，生理的な覚醒水準が下がります．また，外的な刺激が減少すると，イメージや記憶が意識に上り，それが幻覚・錯覚・夢などとして体験されるようになります．わが国で知覚遮断実験を本格的に行った北村晴朗はつぎのように説明しています．つまり，人はふだん，イメージや記憶などを抑制して生活していますが，知覚遮断によって外界からの刺激が少なくなると，その抑制がなくなり，イメージや記憶が活発になり，それが幻覚として体験されるというのです．

また，②**幻覚を起こさせる物質**には，メスカリンやLSDなどがあります．これらの物質は活発な幻覚を引き起こすため，統合失調症の症状や生理的変化を探るために実験的に使用される場合があります．しかし，これらの物質は使い出すと乱用にいたることもあり，心身に重大な影響を及ぼします．

さらに，③**入出眠時の幻覚**とは，寝入りばなや目のさめぎわに体験される幻覚です．映像が見えたり，自分の名前を呼ぶ声などが聞こえたりすることもあります．「金縛り」の体験とも関係が深いとされています．大学生を対象にした調査によると[7]，37.1%が「入眠期幻像」を体験し，36.7%が「金縛り」を体験していました．

統合失調症にみられる幻覚とはどんなものか　さて，以上は健常な人が体験する幻覚でしたが，統合失調症の幻覚にはやや違いがあります．第1は，健常者の幻覚は幻視が多いのに対して，統合失調症では**幻聴**が多いことです．幻覚は，感覚の種類ごとに，幻視・幻聴・幻嗅(げんきゅう)・幻触などに分けられます．何かが見えるのが幻視であり，何かが聞こえるのが幻聴，何かのにおいがするのが幻嗅(げんきゅう)，何かに触られていると感じるのが幻触というわけです．統合失調症における幻覚の種類を調べた研究によると，60%の人に幻聴がみられ，30%に幻視が，38%に幻嗅(げんきゅう)が，42%に幻触がみられたといいます[8]．

第2の特徴は，対話形式の幻聴があることです．これは，94ページの例でも示したように，自分のうわさ話をしている何人かの声が聞こえたり，幻聴の声から話しかけられたり命令されたり動作に口出しされたりすることです．第三者が無関係なことを話している声というのではなく，幻聴の声が自分のうわさをしたり自分に語りかけたりというふうに，自分と関係しているのです．これが統合失調症の幻聴の大きな特徴です．

第3は，幻聴には能動的な側面もあることです．幻聴には，「発声されない声で自分自身に語りかける言語活動」という側面があります．のどに電極を貼って調べた研究では，幻聴が聞こえている間は，声帯が動いていることがわかりました[9]．そこで，発声と両立できない行動（うがい，声を出す，口を動かすなど）をとったら，その間は幻聴が聞こえなくなったという報告もあります．これを利用して幻聴を減らしていく行動療法も考えられています．このように，幻聴は自分が話しているという能動的な側面もあります．

　統合失調症の幻覚の第4の特徴は，幻聴に対して，人格的に巻き込まれてしまい，本気で幻聴に対応してしまうことです．いま聞こえているのが幻聴であると自覚できなくなり，幻聴の声から距離をとることができなくなります．94ページの例に示したように，幻聴の声に聞き入り，言い合いをしたりするため，独りごとをぶつぶついってしまうようなこともあります．また，聞こえた声を自分なりに説明しようとして，「自分の部屋に機械がしかけられたのだ」といった妄想をもつようになることもしばしばです．統合失調症から回復すると，あれは幻覚だったと自覚できるようです．

　妄想とは　陽性症状のふたつ目は「妄想」です．**妄想**というのは，誤った信念のことであり，他人から説得されても訂正されないものをいいます．妄想の特徴として，(1) 主観的に強い確信を持つこと（強い確信），(2) 客観的にみて内容が誤った考えであること（誤った内容），(3) 経験上こうであるはずだとか，こうだからこうなるという正しい論理に従わせることができないこと（訂正困難性），の3点があげられます．

　妄想とまではいかなくても，思いこみ・考え違い・曲解・迷信など，これに近い体験は，日常生活のなかでみられます．これらと妄想は，図3-1のように，連続的なものとしてとらえることができます．

　この図で「②妄想様観念」というのは，客観的事実はどうあれ，自分が苦しめられている，迫害されている，または不当に扱われているという疑念のことです（DSM-IVによる定義）．**テスト3-1**で答えてもらったのは，このような妄想様観念のレベルであるといえます．この段階では，確信の度合いもそれほど高くなく，他人から説得を受けたり，それに反する体験をすると，自然に確信が薄れていきます．

```
①思いこみ
  考え違い
    ↓
②妄想様観念
    ↓
③心因性妄想
  思春期妄想症
  妄想性障害など
    ↓
④統合失調症の妄想
  （真正妄想）
```

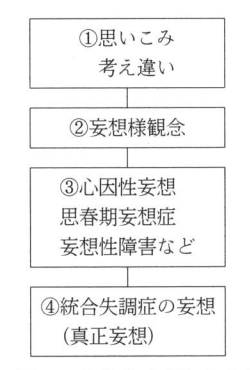

図3-1　思いこみから妄想にいたる連続体

つぎに，図3-1の「③心因性妄想」というのは，それより確信の度合いが強く，あと戻りしにくい状態です．たとえば，2章で述べた「思春期妄想症」（78ページ）がそれに当たります．自己臭恐怖では，自分の体からいやな体臭や口臭が出ていて，人に嫌な思いをさせ，それによって人から嫌われていると固く信じ込んでしまいます．自己視線恐怖では自分の目つきが悪いと確信し，醜貌恐怖では自分の容貌が醜いと確信しているのです（強い確信）．客観的にみると，そうした人の目つきや容貌は特によくないわけでもなく，体臭が特に強いわけでもないのです（誤った内容）．まわりの人がそんなことはないと説得しても，気休めを言っているのだろうくらいにしか思われず，なかなか訂正できません（訂正困難性）．まわりの人のなにげない動きなどを，何でも自分と関係づけてしまいます．

また，嫉妬妄想や被害妄想など，確固とした妄想の体系をもちながら，それ以外の点では，生活能力も損なわれず，行動にも風変わりなところや奇妙なところが目立たないケースもあります．こうしたケースは，精神医学ではパラノイアと名づけられ，DSM-IVでも「妄想性障害」として取りあげられています．

統合失調症にみられる妄想とはどんなものか　ところで，以上の①～③と，「④統合失調症の妄想」には，大きな違いがあります．第1は，「了解不能」ということです．①～③は，一定の状態に置かれたら，ふつうの人でもそのように考えるだろうと理解できるものであり，これを「了解可能」と呼びま

す．一方，統合失調症の妄想は，ふつうの人には了解できない部分があります．統合失調症においては，93ページの例に示したように，はじめに「妄想気分」といって，周囲がなんとなく不気味でいつもと違い，何か起こりそうな，世界が崩壊していきそうな不安な時期がみられることがあります．これに続いて，理由もなく意味があると感じられる「妄想知覚」がおこり，さらに，突然に意味がわかってくる「妄想着想」に発展します．94ページの例に示したように，何の証拠もないのに，突然に「自分は迫害されている」ということが「確信される」のです．このように，ほとんど証拠もなく，突然そう思いつくのであって，ふつうの心理からは了解しにくいものが多いのです．このような了解不能の妄想を，ヤスパースは「真正妄想」と呼びました．図3-1でいうと，①〜③は了解可能であるのに対し，④の統合失調症の妄想は了解不能であって，③と④のあいだには質的な違いがあるというのです．ここで了解不能であるということは，何らかの脳の病気があるということを示すと考えられるのです．

　第2は，自我障害の有無です．**自我障害**というのは，テレパシーのような非物理的な手段によって，自分の考えが他人に知られてしまうと感じられたり（自我漏洩感），自分の考えが誰かに操られたりすると感じられたりすることです．心因性妄想では，このような自我障害がみられないのに対し，統合失調症の妄想では自我障害が強くみられます．自我障害はふつうの人にとっては理解しにくい現象であり，このために統合失調症の症状が了解不能であるといわれる理由になっているのですが，これについてはつぎの項で詳しく説明しましょう．

　さて，これまでは，確信や訂正困難性など，妄想の形式について述べてきました．一方，妄想はその内容から分類されることがあります．ふつう，妄想の内容は，統合失調症・うつ病・躁病に対応して，被害妄想・微小妄想・誇大妄想の3つに分けられます．第1の**被害妄想**とは，「他人が自分を見張り，追いかけ，迫害する」といった内容の考えです．この中には，注察妄想（他者から自分が注目され，観察されているという妄想），関係妄想（何でもない他人の表情や態度，周囲の出来事などをすべて自分に結びつけてしまう妄想）などいろいろなものが含まれます．第2の**微小妄想**とは「自分は非常に劣っている」と考える妄想です．第3の**誇大妄想**とは「自分は非常にすぐ

図3-2 妄想の主題を整理する

微小観念: 私の容姿（顔や体型）は劣っている

加害観念: 知らない間に人に迷惑をかけている

疎外観念: 周りの人から疎まれたり嫌がられたりしている

被害観念: 誰かが私をワナにかけようとしている

（自己 ↔ 他者：負の感情の観念）

自己肯定観念: 私は有能でどんなことでもできる

他者操作観念: 人を思い通りに操ったりできる

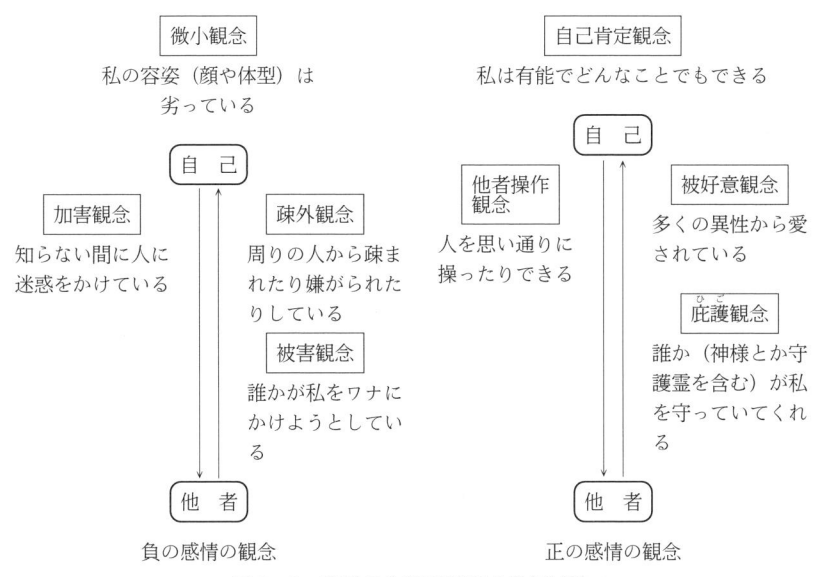

被好意観念: 多くの異性から愛されている

庇護観念: 誰か（神様とか守護霊を含む）が私を守っていてくれる

（自己 ↔ 他者：正の感情の観念）

図3-2　妄想の主題を整理する(10)(11)

れている」と考える妄想です．これらの主題は複合して現れることもあります．94ページにあげた例のように，被害妄想をもっていた人が，「自分が他人から迫害されるのは，自分がキリストのような超能力者だからだ」のように考えて，誇大妄想をもつようになることもあります．

　さて，被害・微小・誇大という3分類はたしかに診断には便利なのですが，形式的には無理があります．たとえば，「誇大」と「微小」が対称的なのはわかるとしても，それらと「被害」の関係がわかりません．「被害」と対になる言葉は「加害」でしょう．このように，3分類はどうも形式的にしっくりきません．

　そこで，筆者（丹野）らは，妄想的観念の内容について，図3-2のように整理することを提案しています(10)(11)．これは「妄想観念チェックリスト」という質問紙のデータをもとに，因子分析という数量的な方法を使ってまとめたものです．ここでは，妄想内容は負の感情と正の感情をもつものに分けられます．さらに，他者から自分へと向かうもの，自分から他者へと向かうもの，自分だけに関係するもの，の3つに分かれます．こうした分類によって，妄想の内容をきめ細かくみていけるようになります．この分類で，

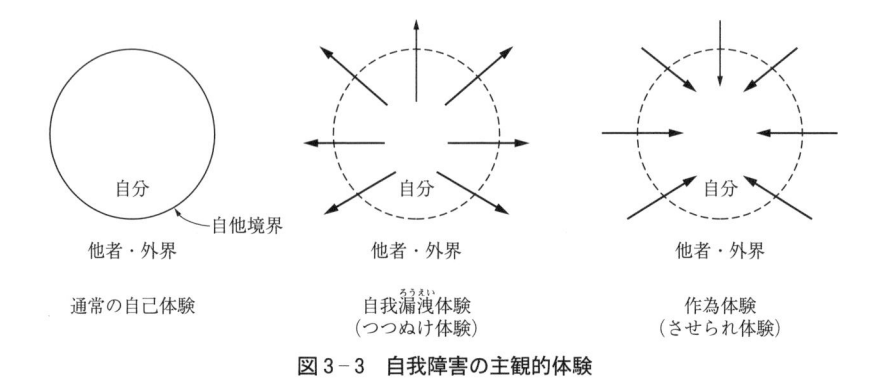

```
     ○                    ←↑→              ↘↓↙
   自分                   自分              自分
   ―自他境界
   他者・外界            他者・外界        他者・外界

  通常の自己体験        自我漏洩体験         作為体験
                      (つつぬけ体験)      (させられ体験)
```

図3-3 自我障害の主観的体験

統合失調症の妄想を調べたところ，被害観念，加害観念，庇護観念，他者操作観念が多くみられました．つまり，統合失調症の妄想は，「自分が誰かから〜される」という方向と，「自分が誰かに〜してしまう」という方向の両方が強いことがわかりました．

自我障害とは つぎに3つ目の陽性症状である「自我障害」についてみていきましょう．自我障害というのは，自分の考えが他人につつぬけになっていると感じられたり，他人の考えが自分のなかに直接入ってくるように感じられる体験です．これについて，ヤスパースという精神病理学者にしたがって説明してみましょう[12]．

少し抽象的な表現になりますが，図3-3に示すように，通常の自己というものは，他人や外界と区切られています．これを「自他境界」といいます．私たちは，自分だけの秘密をもったり，時には悪いことも考えたりしますが，それを他人に言ったり態度で示したりしなければ，他人には伝わりません．それで，安心して，少しは悪いことも考えたりできるわけです．

ヤスパースによると，自我障害というのは，図3-3のように，自他境界が崩れてしまう体験です[12]．94ページにあげた例のように，何も言わないのに，自分の考えていることがまわりの人に知れ渡ってしまっているとか，学校や会社の人が自分の秘密を知っていると感じられたりします．あるいは，見知らぬ人が自分の考えを見抜いていると感じられることもあります．これらは「**自我漏洩体験**」とか「つつぬけ体験」とも呼ばれます．もちろん，客

観的にみれば，考えていることすべてが外につつぬけになるなどということはありえないのですが，本人にはつつぬけになっているとなまなましく感じられてしまうのです．こうしたなまなましさが自我障害の不思議なところです．

　図3-3に示すように，逆方向の自我障害もあります．「**作為体験**」とか「**させられ体験**」と呼ばれます．誰かが考えを吹き込んでくるとか，誰かに命令される，いやなことをさせられる，操(あやつ)られる，考えを奪われる，自分の行為にいちいち口出しされるといったように感じられる体験です．たとえば，何かをしようとすると「そんなことはするな」と口出ししてくるように感じられます．ビルから飛び降りろと命令する考えが吹き込まれて，それに従ってしまったり，人と話していて「殴れ」という考えが吹き込まれて，相手を殴ってしまうようなこともあります．はっきり声になって聞こえてくれば幻聴になりますが，テレパシーのような非物理的な手段で命令してくると感じられることも多いのです．

　自我障害はきわめて恐ろしい体験です．人は自分の内面を他者の目から隠す能力をもっています．考えていることが外に漏れないという前提があるので，人は安心して自分の秘密をもったり，ときには悪いことも考えられるわけです．ところが，自我障害では，自分の秘密やプライバシーが全部他人につつぬけになり，自分というものがなくなってしまうと感じられます．このことをさして，統合失調症の患者は秘密がもてないと言われることもあります[13]．誰かが自分の秘密を見透かし，強制的・直接的にたえまなく暴露しつづけるという事態は，自己というものの根本をおびやかす事態でしょう．人間の存在の根源を脅かすような深刻な体験であるといえます．

　陰性症状とは　陰性症状とは，正常な心理機能が減少したり欠落したりした症状をさしています．

　連合弛緩(しかん)とは，話の文脈のまとまりが悪いことで，本人は「考えがまとまらない，余計な考えが浮かんでくる」と訴えます．極端になると，**滅裂(めつれつ)思考**といって，思考内容がばらばらで何を言っているのかわからなくなる場合もあります（表3-2）．

　自閉は，自分の内面の主観的世界に閉じこもり，外の現実への関心を失う

表3-2 滅裂思考の例（文献（14）を一部改変）

言葉の概念が崩れているため，言葉がかえって何かを象徴的に表すようになった場合
- 「言葉は精神の母体的根源性であり，心の彼岸的深淵性であり，そのため霊に対して永遠の別離をもたらすものなのである」

大して意味もないのに，大げさな，お役所的いいかたをし，何でもないことを哲学的な言葉で言い表すことがあるが，単に哲学的な言葉を並べるだけで，実際には無意味である
- 「花は性だ．そして時計です．今日も明日も永遠にそうです」

新しい，他人には通じない言葉を作り出したり，言葉をそれと全く違った概念を表すのに用いたり本来の意味に用いたりして勝手に使用をかえるために，言うことが支離滅裂に思えることがある
- 「『私は明日殺される，ああ愉快だ』『なぜですか』『殺されるとはごちそうがあることなのです．ごちそうはタカラッペカラですから』」

滅裂思考には，何らかの理由が見いだされることもある
- 「お医者さんは試験を受けてパン屋です．パン屋は北極です．議会は稲妻です．私は父から生まれた．父は母です．」
  この説明をあとで求めると，パン屋になるには食品衛生法の試験があるからであり，患者の家の近くに北極星というパン屋があるのであり，議会には稲葉妻三郎という議員がいるのであり，父と母はいずれも親であるからとのことであった

ことです．人に会うのを避け，学校や勤めを休みはじめたり，職業や学業に関心を失い，家に引きこもったり，生活がだらしなくなったりします．たとえ社会的に活動していても，その活動は他人との心の交流を持たないひとりよがりのもので，現実との生きた接触をもっていません．

感情の平板化とは，自然な喜怒哀楽の感情に乏しくなり，外界の出来事や自分の状態に無関心になることです．意欲が低下して無為の状態におちこみ，日常生活や周囲の状況に無関心になります．

また，陰性症状には含まれませんが，緊張病症状もみられます．これには，興奮症状（多動になり，大声をあげたり衝動的になる状態）と昏迷症状（まわりの様子は知覚しているが，無動になり，ほとんど動いたり話したりしない）などの症状があります．

さらに，症状というわけではありませんが，統合失調症の特徴として，「**病識のなさ**」をあげる臨床家もいます．これは，自分の体験を病気によるものだと認めず，病気を積極的に治療しようとする意欲が乏しいことをさし

ています.

ふたたび統合失調症とは——統合失調症の症状の本質は何か　このように,統合失調症にはさまざまな症状がありますが,これらの症状をどのようにまとまったものとしてとらえればよいのでしょうか？　前述のように,ブロイラーは,感覚,知能,観念,運動といった個々の心理機能は正常なのに,それらをまとめている連合機能（いわゆる人格機能）が正常に働かないため,人格の統一を失い,個々の心理機能が分裂すると考えました[4].つまり,ブロイラーは,連合機能の弛緩が基礎的な症状だと考えたわけです.また,ミンコフスキーは,自閉を中心に考え,外界との生きた接触の喪失が基本症状であるとしています[15].さらに筆者（丹野）は,後に述べるように,自我障害を中心に考え,そこから統合失調症の症状を統一的にとらえています（112 ページ）.

しかし,統合失調症の症状の心理学的な本質は何かということについて,研究者の意見は一致していません.一方,統合失調症の生物学的原因については,大多数の研究者は,脳のドーパミン系の異常によると考えており,この点では研究者の意見はだいたい一致しています.これについてはあとで述べます（125 ページ）.

最近では,統合失調症という病気は,いくつかの症状群が集まったものであると考える研究者も増えています.例えば,クロウは,陽性症状・陰性症状という2つの症状群に分けて考えて,それぞれの原因を考えています[16].また,ある人は,幻覚・妄想,感情と意欲の障害,思考障害（連合弛緩）という3つの症状群からなる病気であると考えている人もいます.ほかにも,4つ,5つ,6つの症候群からなると考える人もいて,まだ定説はありません.そこで,これまでの疾患中心アプローチにかわって,幻覚・妄想・陰性症状といった個々の症状に焦点をあわせて研究する「症状中心アプローチ」も増えてきています.つぎにあげる妄想の研究はその代表的なものです.

3.2　統合失調症をどうとらえるか（1・原因帰属からみた妄想）

統合失調症の症状をどのようにとらえるかについて,ここでは,筆者（丹

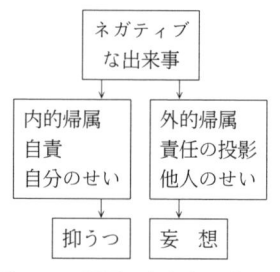

```
        ┌──────────┐
        │ネガティブ │
        │な出来事  │
        └────┬─────┘
      ┌──────┴──────┐
┌─────┴────┐  ┌─────┴────┐
│内的帰属   │  │外的帰属   │
│自責       │  │責任の投影 │
│自分のせい │  │他人のせい │
└─────┬────┘  └─────┬────┘
  ┌───┴──┐      ┌───┴──┐
  │抑うつ│      │妄 想 │
  └──────┘      └──────┘
```

図3-4 帰属のしかたによって
抑うつか妄想かが決まる

野）がかかわったふたつの研究をとりあげたいと思います．第1は，妄想という症状について，**原因帰属理論**を用いた研究です．第2は，自我障害について，**自己意識理論**を応用した理論です．

　投影のメカニズム　妄想を説明するのに，フロイトは「投影」というメカニズムを考えました．投影というのは，本当は自分の中にある感情や欲求なのに，それを外界の対象のせいにしてしまうことです．たとえば，自分が攻撃的な感情をもっているときに，それを自分では認めたくないので，ほかの人に投影して，「他人が自分のことを攻撃しようとしている」と考えるようなことです．自分の内部にとどめておくことが不快な感情を，他人のせいにしてしまうメカニズムなのです．

　その後，フロイトの考えを受け継いだシュワーツは，投影のメカニズムについて，抑うつと妄想とを対比させて考えました(17)．これを図3-4で説明しましょう．

　もともと劣等感・自信のなさ・無価値感などをもっている人がいたとしましょう．その人が，何かいやなことを体験したとき，それが「自分の責任だ」というように，責任を内的に帰属すると，抑うつが生じます．これについては，第1章の改訂学習性無力感理論を思いだしてください（16ページ）．

　これに対し，何かいやなことを体験したとき，それが「他人の責任だ」というように，責任を他人のせいにすると，それが妄想であるとシュワーツは述べます．このように，自分にとっていやなことを，他人のせいにすること，すなわち外的に帰属することが「投影」なのです．いいかえると，「私は劣っている．それは私に欠点があるからだ」と考えるのが抑うつであるのに対

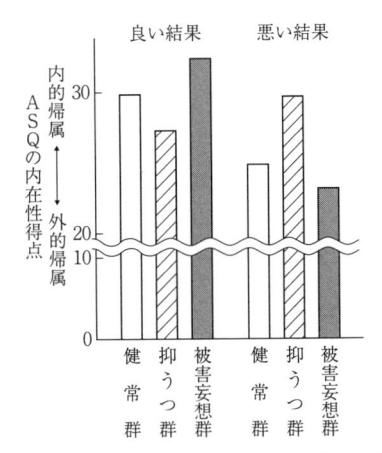

図3-5 投影的帰属バイアス（カニーとベンタルの実験結果）[18]

し，「私は劣っている．それは誰かが私に何かをしたからだ」と考えるのが妄想であるというわけです．いやなことを他人のせいにすると，第一に，自分の劣等感や責任を感じなくてすむので，自尊心が傷つかずにすみますし，第二に，「自分は人から何かをされるほど重要なのだ」と考えることができ，自分の価値を高めることもできるのです．

投影的帰属バイアス　以上のシュワーツの説は，臨床上の観察から出たものですが，実験によっても確かめられています．例えばカニーとベンタル[18]は，被害妄想をもつ人（被害妄想群），抑うつをもつ人（抑うつ群），両方をもたない人（健常群）の3群を対象として研究しました．この研究では，帰属スタイル質問紙（ASQ）を用いています．このテストについては，第1章の16ページで説明しました．たとえば「あなたは友だちに外見をほめられました」といった良い結果と，たとえば「あなたは仕事を探していますが，なかなか見つかりません」といった悪い結果を例示して，「その原因は自分にあるか他者にあるか」（内在性）などについて聞いていくものです．

その結果を図3-5に示します．まず，抑うつ群の結果を見てみましょう．抑うつ群は，健常群にくらべ，良い結果に対しては外的に帰属し，悪い結果に対しては内的に帰属していました．つまり，抑うつ群は，良いことがある

と自分のせいではないと考え，悪いことがおこると自分のせいだと考える傾向があります．良いことがおこったときでも「自分のせいではない，まぐれだ」と考えることは，抑うつ的な人にありがちな謙遜(けんそん)的な考えかたです．また，悪いことがおこったとき，自分のせいだと考えて自分を責めれば，抑うつは強まるでしょう．これらの結果は，第1章で述べた改訂学習性無力感理論と一致します．

これに対し，図3-5に示されるように，被害妄想群は，健常群をはさんで，抑うつ群と逆の傾向を示します．被害妄想群は，抑うつ群や健常群にくらべ，良い結果に対しては内的に帰属し，悪い結果に対しては外的に帰属しています．つまり，被害妄想群は，良いことがあると自分のせいだと考え，悪いことがおこると自分のせいではないと考えます．良いことがおこったとき，それは自分の力のせいだと考えれば，自尊心は大いに高まるでしょう．また，悪いことがおこったとき，「それは自分のせいではない，他人のせいだ」と考えれば，自分の責任を感じなくてすむので，自尊心が傷つかずにすむでしょう．ある意味では，被害者意識の強い，自己中心的な考えかたといえるでしょう．以上のような結果は，シュワーツの投影仮説を実験的に確かめたものといえます．

良い結果を内的に帰属することは，誇大妄想を生みやすくするでしょう．また，悪い結果を外的に帰属することは，被害妄想を生みやすくするでしょう．一般に，妄想をもつ人は被害妄想と誇大妄想の両方をもちやすい傾向がありますが，上の実験結果はこの臨床観察と一致します．

自己標的バイアス 投影的帰属とならんで，妄想をもたらすメカニズムとして注目されているのが，自己標的バイアスです．この研究を始めたフェニグスタインは，つぎのような研究をおこなっています[19]．

ある実験では，学生に試験を返却するさい，「このクラスでとくに成績の悪い学生がいる」と話し，その学生が自分である可能性と，その学生が他者（自分の隣りに座っている学生）である可能性を，0〜100％で推定してもらいました．その結果，自分である可能性を考える学生のほうが，他者である可能性を挙げた学生よりも高かったのです．つまり，私たちは，何か悪いことについては，自分が話題のターゲットになっていると認知しやすいのです．

このように，自分を標的として認知しやすい傾向のことを，フェニグスタインは自己標的バイアス（self-as-target-bias）と呼んだのです．人前を通りかかったときに，その人たちが笑ったようなとき，自分が笑われているのではないかと考えたりすることはよくあることでしょう．また，人が集まっている部屋に入ったら，いままでの笑い声が止んだようなとき，いままで自分のうわさをしていたのではないかと思ったような体験も珍しくないでしょう．

フェニグスタインは，さらに，「自己標的バイアス質問紙」というものを作り，8つの仮想的状況のなかでの自己標的バイアスを調べました．たとえば，「あなたが廊下を歩いていると，知り合いの人があいさつもせずに通り過ぎていく」という場面を想像させます．これについて，「①その人は，あなたと話したくなかったから通り過ぎた」という文と，「②その人は，別のことに気をとられていてあなたに気がつかなかったので通り過ぎた」という文の2つを示して，それぞれ「非常にそう思う」から「全くそう思わない」まで評定してもらいます．この場合，①が自己標的反応であり，自分を標的とした認知を示しています．②が非自己標的反応であり，自分が標的とはならない認知を示しています．

大学生を対象とした筆者（丹野）らの調査では，この自己標的バイアス質問紙の自己標的反応と，パラノイア尺度（妄想的思考の程度をはかる質問紙，96ページでやったもの）の間には，有意な正の相関がみられました．つまり，自己標的バイアスが高い人は，妄想的思考も強いという結果となりました．このことは，自己標的バイアスと妄想的思考は関係が深いことを示しています．

帰属のパラドクス　そうなると，ちょっと奇妙なことがおこります．自己標的バイアス質問紙で，「①その人は，あなたと話したくなかったから通り過ぎた」のような自己標的反応は，帰属の点でいえば，自分のせいでこうなったと認知しているわけであり，「内的帰属」ということになります．一方，「②その人は，別のことに気をとられていてあなたに気がつかなかったので通り過ぎた」のような非自己標的反応は，他者のせいでこうなったと認知しているわけであり，「外的帰属」ということになります．自己標的バイアスと妄想的思考が関係が深いということは，妄想は「内的帰属」に関係すると

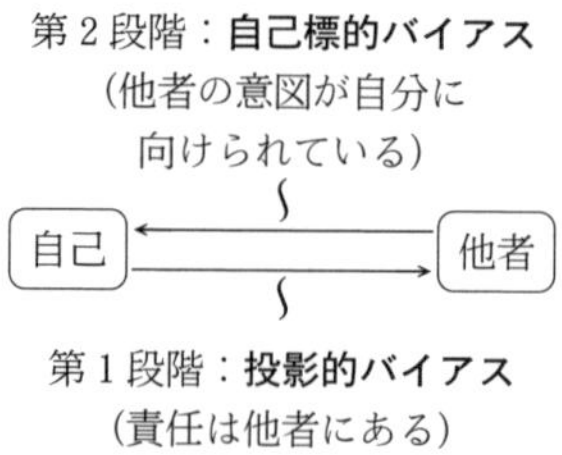

```
第2段階：自己標的バイアス
    (他者の意図が自分に
     向けられている)
         ＜
  自己 ←――――→ 他者
         ＜
第1段階：投影的バイアス
   (責任は他者にある)
```

図3-6　投影的バイアスと自己標的バイアスの関係

いうことになります．

　こう考えると，まえでみた投影的帰属とは逆の関係になってしまいます．投影的バイアスとは，悪い結果に対しては「誰か他人のせいだ」と考えること，つまり外的に帰属することを示します．これに対し，自己標的バイアスとは，悪い結果を内的に帰属することを示しています．かたや外的帰属，かたや内的帰属というように，正反対の予測をすることになります．これは妄想的帰属のパラドクス（逆説）と呼んでもよいでしょう．

　このパラドクスを解決するひとつの方法は，図3-6のように，自己と他者の方向性によって，2段階として考えることです．すなわち，第1段階では，投影的バイアスが働いて，責任は他者にある（自分に責任はない）と認知します．そして，第2段階で，自己標的バイアスが働いて，他者の注意が自分に向かっている（別の第三者に向けられているのではない）と認知されます．このように，ふたつのバイアスを方向の違うものと考えればよいのです．

3.3　統合失調症をどうとらえるか
（2・自己意識理論からみた自我障害）

「誰でもない他者」というパラドクス　つぎに，統合失調症の自我障害について，自己意識理論から考えてみたいと思います[20][21]．

　これまで述べたように，統合失調症の体験には，「自分が他者から～される」という形式をとるものが多くみられます．たとえば，「自分が他者から口出しされ，命令される」という幻聴，「自分が他者から害を受ける」という被害妄想，「自分が他者から注目され，観察されている」という注察妄想，「自分が他者から見透かされる」という自我漏洩体験，「自分が他者から操ら

れる」という作為体験などです．

　ところで，「自分が他者から〜される」という場合，いったいその「他者」とは誰なのでしょうか？　たとえば，「幻聴の声は誰の声ですか」と患者さんに聞いてみますと，たとえば 94 ページにも示されたとおり，特定のひとり，多数の知人，まったく知らない人，有名人，亡くなった父母など，さまざまな答えが返ってきます．宇宙人のように，実在しないものの声だとされることもあります．しかし，多くの場合は，その声が誰の声なのかわからないと言います．誰の声かはわからないのですが，非常になまなましく存在する人の，決して気のせいなどではない，まぎれもない声が聞こえてくるというのです．幻聴の声とは，いったい誰の声なのかはっきりしないのです．

　これは，幻聴だけでなく，妄想や自我障害についてもあてはまります．たとえば，注察妄想（他者から自分が注目され，観察されているという妄想）についていうと，誰に見られているのか，どこから見られているのか，どの方向から見られているのか，それが人間なのか動物なのかすらもわからないことが多いのです．まわりに誰もいないので，「誰も見ているはずもないのに」と，患者さん自身が，その不可能性を十分に認識している場合もあります[22]．ここでの「他者」は，誰だれと名指しできる実際の他者ではないことが多いのです．かといって，決して気のせいというようなものでもなく，主観的には非常になまなましく存在し，そこにいる他者なのです．つまり，「誰でもない他者」ということができます．このパラドキシカルな「誰でもない他者」とはいったい誰なのでしょうか？

　これまでの統合失調症の研究をみると，この「他者」の位置づけが必ずしも明確ではありませんでした．たとえば，104 ページにあげたヤスパースの自我障害の説明を思いだして下さい．ヤスパースは，図 3-3 に示すように，自分と他者を区切る「自他境界」というものを考え，この自他境界が崩れてしまうために，自分の考えが他者につつぬけになると感じられたり，自分の中に他者の考えが入り込んでくると感じられたりするのだと考えました．つまり，ヤスパースは，「他者」というものを「現実の他者」と考えています．しかし，それなら，その他者が誰なのか特定できるはずですが，実際には特定できません．したがって，ヤスパースの考えかたは，「誰でもない他者」というパラドクスをうまく説明していません．また，「自他境界」というも

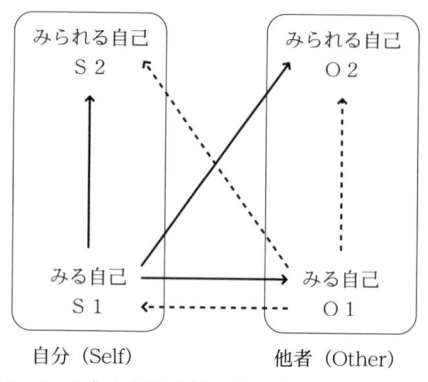

図 3-7　2人の人間関係の中で生じる対人認知[22]
（直線は自分から他者への認知，点線は他者から自分への認知をあらわす）

のも，実在するわけではなく，人間のイメージの中にあるものであり，抽象的であいまいな概念です．

　私的自己意識と公的自己意識　この問題を，社会心理学の**自己意識理論**から考えると，わかりやすくなると思われます．これについて，まず，考えかたの枠組みから述べていきます．

　まず，対人関係のしくみを，山本[23]の考え方にしたがって，整理しておきましょう．図3-7は，自分（Self）と他者（Other）の2人関係を図式化したものです．これから先の説明は，この図をひとつひとつ指で追って確かめて下さい．

　自分も他者も，「みる自己」と「みられる自己」に分けられています．これは，ウィリアム・ジェームスにしたがったものです[24]．たとえば，私が何かを考えているときは，いつでもそれと同時に「私」というものを意識できます．ここで意識しているのも「私」にほかなりません．「私」というものはいわば二重であって，一方は主体であって，他方は客体であることになります．これを簡単に言い表すため，ジェームズは一方を主我（I），他方を客我（Me）と呼びました．

　図3-7では，「みる自己」から矢印が出ていますが，これは認知の方向をあらわしています．この図を用いると，いろいろな対人認知がうまく図示できます．

たとえば、「自己認知」はS1→S2とあらわすことができます。これは、例えば「私は不器用である」というように、自分で自分を認知することです。

また、対人認知についても、以下の3種類に分けることができます。

第1は、相手の物理的特性の認知（S1→O2）です。これは、「彼は不器用である」というように、相手の「見られる自己」を外側から認知することです。視覚や聴覚で相手の表情や声を知覚することにあたります。これが一般に最もしばしばおこなわれる対人認知でしょう。見ている側の認知の枠組みを通して、相手を評価することです。

第2は、相手の内面の認知（S1→O1→O2）です。これは、知覚された表情や声から、相手が内面ではどのように思っているかを想像することです。「彼が自分を不器用であると思っていることを、私は知っている」というように、自分のもつ枠組みを直接にぶつけるのではなく、相手の感じかたやものの見かたを考慮に入れて相手を理解しようとすることです。この認知は、心理学では「共感」と呼ばれ、精神病理学では「了解」と呼ばれてきたものにあたります。

（S1→O1→O2）を細かく分けると、（S1→O1）と（O1→O2）に分解できます。まず、（S1→O1）は、相手の立場に立つこと、「視点移動」にあたるでしょう。つまり、自分を中心とした視点（自己中心性）を離れて、相手の視点からものを見ることです。「脱中心化」と呼んでもよいでしょう。

一方、（O1→O2）は、相手の内面を想像して「感情移入」することにあたります。また、この（O1→O2）は、「自己認知」（S1→S2）をそっくり平行移動したものにあたります。つまり、相手の内面を推測するということは、自分の過去の経験から似ているものを探しだし、これにもとづいて相手の感情を類推することです。このように他者理解というものには、そもそも自己認知が含まれています。よく他人を理解するには、まず自己理解が大切だといわれますが、それはこのことをさしています。149ページにも示すように、カウンセラーの訓練には、自己理解の訓練が含まれています。

第3は、自分が相手からどのように思われているかの認知（S1→O1→S2）です。この認知は、相互的な人間関係のなかで生じるものであり、矢印が自分に帰ってくるのです。この認知は、後で述べる「公的自己意識」と同じものです。これは、上述の相手の物理的特性の知覚や脱中心化、感情移入など

が含まれる点では，第二の認知と同じです．

また，実際の人間関係では，さらに複雑なこともおこっています．たとえば，S1→(O1→S1→S2) というプロセスを考えてみましょう．これは，たとえば「私が自分自身を不器用だと思っていることを，彼は知っていてくれている」というようなことです．つまり，相手から理解されていること（O1→S1→S2）を私は知っている，といった認知です．たとえば，この図で，他者をカウンセラーとし，自分をクライエントとしてみましょう．心理療法の世界では，カウンセラーがクライエントのことをどれだけ理解したかを知らせることを大切にします．これによってクライエントは，確かにカウンセラーから理解されたと体験し，それをきっかけに自分の見かたが変わっていくのです．S1→(O1→S1→S2) というプロセスは，カウンセラーから理解されたクライエントの心理をあらわすわけです．実際の人間関係では，このように重層的なこともおこっているのです．

つぎに，この図式で，自己意識理論を考えてみます．第2章や巻末解説5でも述べましたが，自己意識は私的な側面への自己意識（私的自己意識）と公的な側面への自己意識（公的自己意識）にわけられます．私的自己意識とは，自分の身体や感情の知覚，自己評価など，自分だけが直接体験できる内面的な自己意識です．図3-7においては，(S1→S2) とあらわせます．一方，公的自己意識とは，他人から見られたり，カメラを向けられたときに感じられるような，外面的な自己意識のことです．これは，他者の目を通した自己意識，または他者からの評価の予想といえるので，図3-7では (S1→O1→S2) とあらわせるでしょう．

ひとはふつう，何かに集中したり身体の調子が悪いときには，私的な自己を意識しやすくなりますが，他人から見つめられると自然に公的自己を意識します．つまり，ふたつの自己意識は相補的な関係にあり，人は時と場合に応じて，なかば自動的に，なかば意図的に，ふたつの自己意識を使い分けているといえます．

自己意識と内在他者 ここから一歩，論をすすめてみます．公的自己意識は，実際の他者と接しなくてもおこります．これを実証したのが，デューバルとウィックランドの実験[25]です．鏡を見たり，自分の声を吹き込んだテ

ープを聞いたりすると，いやな気分になることがあります．デューバルらの実験では，鏡やテープで自分を客観的に観察すると，公的自己意識が活性化され，自分をあたかも他人として見るようになり，現実の自己像といやおうなく直面せざるをえなくなり，理想の自己像とのあいだにギャップが生じます．それで，自己嫌悪が生じ，自己評価が下がるのです．このように，公的自己意識は，実際の他者がいなくても活性化されます．

さらに，実際には，鏡や録音機などがなくても公的自己意識は活性化されます．例えば，自分の服装や言動がその場にふさわしいかを考える場合です．この場合は，イメージのなかで，他者の目から自分を見ています．

さて，自分の服装がその場にふさわしいかを考えているようなときに，もし「いま誰の目で見ていますか？」と聞かれたとしましょう．それは確かに「私の目」ではありますが，同時に「他者の目」でもあり，特定しにくいでしょう．公的自己意識における「他者」とは，他者一般のイメージのようなものであり，他者が自分のなかに内在化されたものであろうと考えられます．そこで，このような，自分の内部に取り込まれた他者のことを，実際の他者とは区別して，自分の意識のなかにある他者，つまり「内在他者」と呼んでおきたいと思います．

以上のような自己意識の主観的体験を図式化してみたのが，図3-8です．Aが私的自己意識，Bが公的自己意識を示します．公的自己意識は，本来なら，図3-7で（S1→O1→S2）と示されるように，実際の他者の目をとおして活性化されます．しかし，上述のとおり，周囲に誰もいなくても公的自己意識は活性化されることがあります．この場合は，「内在他者」を通した自己意識ということができます．ここでは，実際の他者（O）のかわりに，図3-8Bに示すような「内在他者」（O'）を介した公的自己意識を考えることにします．

ところで，公的自己意識には，図3-8に示すように，少なくとも3つの重要な機能があります．第1は，認知・評価の機能です．たとえば，鏡を見て服装を直したり，この本にものっているような質問紙法の心理テストで自分の性格を判断したりするようなときには，「内在他者」の目から自分を認知し，自己評価しています．

第2は，イメージのなかで行為を意図する機能です．たとえば，実際に人

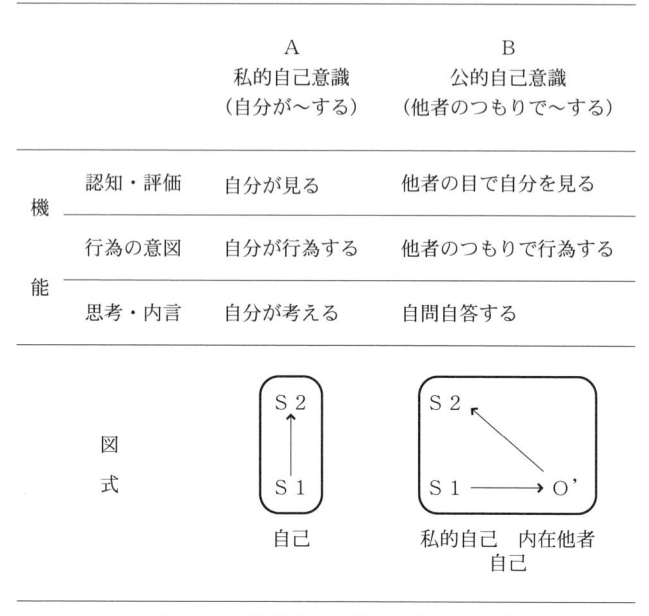

		A 私的自己意識 （自分が〜する）	B 公的自己意識 （他者のつもりで〜する）
機能	認知・評価	自分が見る	他者の目で自分を見る
	行為の意図	自分が行為する	他者のつもりで行為する
	思考・内言	自分が考える	自問自答する
図式		S2 ↑ S1 自己	S2 ↗ S1 ─→ O' 私的自己　内在他者 自己

図3-8　私的自己意識と公的自己意識

からくすぐられなくても，他人からそうされることを想像するだけで，くすぐったさを感じます．つまり，本来は，イメージの中で，自分が自分をくすぐっているわけですが，実際には，他者からくすぐられる感じを想像できます．この場合の他者というのも，「内在他者」のことであると考えられます．このように，他人のつもりになって，イメージの中で，ある行為の意図を働かせるような場合にも，「内在他者」を介した公的自己意識が活性化しています．

　第3は，思考・内言の機能です．公的自己意識は，思考を客観的・創造的に進めていく機能をもっています．たとえば，頭のなかで自問自答をするような場合，人は，一時的に自分を他者と見なして対話しています．何かで失敗したときにこころの中で「何ておまえはバカなんだ」と自分をののしったりするでしょう．また何か難しい問題を考えるときに「ちょっと待て，逆に考えてみたらどうだ」などと自分に声をかけたりすることもあるでしょう．いわゆる内言というのは，「内在他者」との対話であると考えることができます．

このように，公的自己意識とは，自分を他者の目で点検したり，自分と他者の体験や思考を照合するといった点で，社会に適応するためには不可欠な機能といえるでしょう．

妄想と公的自己意識　自己意識理論がいうように，私たちの心の中に「内在他者」を考えるとしたら，そのゆがみということも考えられます．こうした枠組みの中で，「自分が他者から〜される」という統合失調症の症状を考えてみましょう．つまりこの「他者」というのは，「内在他者」のことであると考えてみます．内在他者が自分の意識の中の存在とは感じられなくなり，内在他者が自分とは別のものとして実在するように感じられたものが統合失調症の症状であると考えてみます．

ふつうの場合は，たとえ他人のつもりになったり自問自答したりしても，「自分の中に他人がいる」などとは感じません．ふつうは，「内在他者」は自己の中に統合され，内在他者も自分のものであるという感じをもっているからです．このように，ある体験が自分のものであるという感じのことを「自己所属性」と呼びます．つまり，ふつうは，内在他者の自己所属性は保たれています．

しかし，そもそも，「内在他者」は，形式的には自分の内側に属しつつも，その内容は他者ですから，自己性と他者性という相反する性質をもっています．もともと公的自己意識が活性化すると，内在他者が独立するという自己分裂の危機をはらんでいるといえます．この内在他者の自己所属性が薄れ（つまり内在他者は自分の意識の中にある存在だという考えが薄れ），内在他者が実在するように感じられたらどうなるでしょうか？

図3−9は，統合失調症の症状を公的自己意識の理論から考えたものです．まず，統合失調症の妄想は図3−9Cのようにあらわすことができます．この図がまん中でくびれているのは，「内在他者」が自分のものだという感じが弱まり，あたかも実在する他者のように感じられている状態をあらわしたものです．ここで，「自分が他者から〜される」という場合の「他者」を「内在他者」であると考えてみます．「自分が他者から〜される」感じを，認知・評価の機能であらわせば「自分が他者からみられる」といった表現になります．これは「注察妄想」にあたります．注察妄想というのは，93ペー

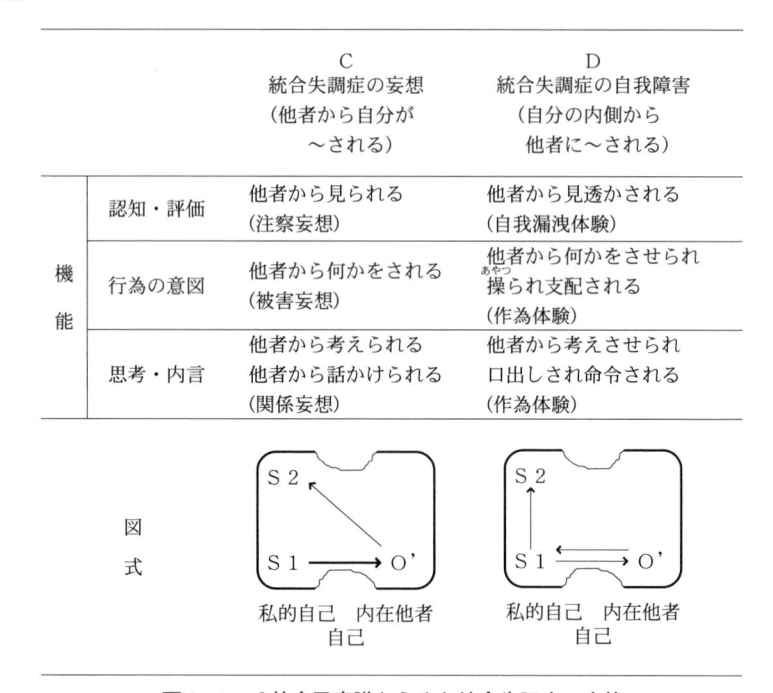

		C 統合失調症の妄想 （他者から自分が 〜される）	D 統合失調症の自我障害 （自分の内側から 他者に〜される）
機能	認知・評価	他者から見られる （注察妄想）	他者から見透かされる （自我漏洩体験）
	行為の意図	他者から何かをされる （被害妄想）	他者から何かをさせられ 操（あやつ）られ支配される （作為体験）
	思考・内言	他者から考えられる 他者から話かけられる （関係妄想）	他者から考えさせられ 口出しされ命令される （作為体験）
図式		S1→O'→S2 私的自己　内在他者 　　　自己	S1⇄O'→S2 私的自己　内在他者 　　　自己

図3-9　公的自己意識からみた統合失調症の症状

ジでも述べたように，他者から自分が注目され，観察されているというものです．また，行為の意図の機能であらわせば「自分が他者から何かをされる」といった表現になり，これは「被害妄想」にあたります．さらに，思考・内言の機能であらわせば「自分が他者から〜と考えられる」といった表現になり，これは「関係妄想」にあたります．関係妄想というのは，94ページでも述べたように，他人の態度や周囲の出来事を自分に結びつけてしまうものです．統合失調症では，このような注察妄想・被害妄想・関係妄想といった症状が多くみられます．

　これら3つの妄想に共通するのは，「自分が他者から何かをされる」という，漠然とした受動感です．この受動感について，図3-9Cで考えてみます．もともと，公的自己意識においては，自分の精神活動の矛先が，「内在他者」を介して自分に戻ってきます．つまり，図3-9Cにおいて，公的自己意識は（S1→O'→S2）とあらわせますが，これは（S1→O'）と（O'→S2）とに分けられます．前者は，自分が「内在他者」に働きかける能動的なプロ

セスであり,後者は,「内在他者」から働きかけられる受動的なプロセスです.つまり,自分がするという能動的行為は,「内在他者」から何かされるという受動的な形式に変えられてしまいます.

これは,ちょうど鏡を見るのと同じことです.鏡というものは,見つめれば見つめるほど,鏡に映った自分の像から見つめられます.能動的に見つめれば見つめるほど,鏡の中の自分の像から見つめられるわけです.これと同じように,内在他者を介して何かをすればするほど,内在他者から何かをされるという受動感が強くなるのです.つまり,図3-9Cにおいて,本来は自分が何かをしている(S1→O')のに,この能動感が薄れ,「(内在他者から)～されている」「～されているのは私だ」という受動感(O'→S2)が生じるのです.

しかも,「内在他者」は実在の他者のように感じられていますから,もともとは「自分の中の内在他者から～されている」のに,主観的には「実在する他者から～されている」と感じられるでしょう.まず,認知・評価の機能では,自分を他者の目で見ようとすると,主観的には他者から見られているように感じることになります.まえに,注察妄想は,誰から見られているのかわからないし,まわりに誰もいない状況でも生じると述べました(93ページ)が,これはいわば当然のことといえます.なぜなら,見つめているのは自分の意識の中にいる他者,つまり「内在他者」であり,もともと自分が自分を見つめているからです.自分が自分を見ているのです.ですからまわりに誰もいない状況で見られていると感じられるのも当然でしょう.

また,行為の機能についていえば,何かの行動を意図しようとすると,主観的には他者から「何かをされる」ように感じることになります.いわゆる「投影」のメカニズムです.例えば,他者を攻撃しようとすれば,自分が攻撃されるといった被害感が出てくるでしょう.投影と妄想については,108ページで詳しく述べました.

つぎに,思考・内言の機能では,自分が考えようとすれば,「他者から考えられる」とか,「他者から(テレパシーで)話しかけられる」などと体験されるでしょう.

自我障害と公的自己意識　つぎに,自我障害は図3-9Dのようにあらわ

すことができます．内在他者から見られるというプロセスは，図3-9Cでは，(O'→S2) としてあらわされていたのに対し，図3-9Dでは，(O'→S1→S2) とあらわされています．これは，私的自己の内面が内在他者によって侵入されつつぬけになる，なまなましい体験をあらわそうとしたものです．つまり，ここでは内在他者によって外から「見られる」だけでなく，内側から「見透かされ」たり「操られたり」するのです．

　認知・評価の機能については，「他者から自分の内面がわかられている」「他者から自分が見透かされている」「自分の内面が漏れて他者につつぬけになっている」などといった自我漏洩体験（つつぬけ体験）となります．

　行為の意図の機能については，「自分が他者からある行為をさせられる」「自分が誰かに操られる」「自分の内部が誰かに支配される」といった作為体験となります．

　思考・内言の機能については，「他者から考えさせられる」「他者から考えを吹き込まれる（思考吹入）」などが生じ，「他者が（テレパシーで）自分の行為に口出しする，命令する」といった作為体験となります．

　これらの現象は，つぎのように考えられます．まず，この体験では，「内在他者」は自分の考えの中にあるものだという意識がなくなり，主観的には，実在する他者と同等になっています．実在する他者とのあいだに，(S1→O1→S1→S2) といった認知がおこることは，すでに述べたとおりです．116ページで述べたように，このプロセスは，他者から理解されること (O1→S1→S2) を認知することを示しています．主観的には「相手が自分をわかってくれていることを知っている」ことにあたり，心理療法では実際によくおこっている共感です．しかし，統合失調症でおこっている共感は，実在する他者との間ではなく，「内在他者」との間です．

　もともと「内在他者」は自己の内部にあるものですから，主観的にはいくら実在する他者のように感じられても，それはやはり自分自身です．つまり自分で自分を見ているわけですから，「内在他者」に対しては，自分の内面はつつぬけになって当り前です．この体験においては，その見透かされかたは強制的であり，内在他者に対して，心がいわば開きっぱなしになります．

　この事態においては，自分の秘密はこの「内在他者」にはつつぬけとなります．自分のプライバシーが強制的にたえまなく暴露されるこの状態は，深刻

な自己侵害をもたらすでしょう．統合失調症の患者は秘密がもてないと言われます[13]が，このことをさしています．

以上のように，統合失調症の症状のもとは「自分が〜する」ということですが，公的自己意識の構造からいって，「他者から〜される」形へと変換されてしまいます．統合失調症の患者さんは「誰かが私を〜しようとしている」のように，他者を主語として語りますが，その裏では自分自身のことを語っているのだと思われます．つまり，症状は，一見すると対人認知の障害のようにもみえますが，実は自分が自分について考えることの障害，つまり自己認知の障害なのです．

陰性症状と公的自己意識　以上，陽性症状について述べましたが，一方，意欲低下や自閉などの陰性症状についても，公的自己意識の障害と関連づけることができます．統合失調症では，何かをしようとすればするほど何かをされる感じが強くなりますから，自分が主体的に何かをしようとする分だけ，かえって主体性が失われ，自分の存在基盤が奪われていくことになります．この侵害をくいとめるためには，すべての精神活動を弱めるしかありません．このことを患者さんは「声が聞こえなくなるように，何も考えないようにしている」のような形で述べています．こうしたことから，意欲低下や感情の平板化がおこってくるのでしょう．

また，前述のように，実際の他者は，公的自己意識を活性化させる刺激となります．だから，人と接すると「内在他者」による自己侵害がますます強まります．したがって，そうならないように，他人と接することを避け，孤独を好むようになるでしょう．これが自閉です．患者さんにとって，他者と接触しないことは自分を保護する意義があるのです．このことを明確にしたのは「自閉療法」という治療法なのですが，これについてはあとで述べます（126ページ）．

さらに，前述のように，「病識のなさ」が統合失調症の特徴のひとつとしてあげられます（106ページ）．病識とは，自分が病気であることの自覚，自分の病気に対する客観的な正しい判断とされますが，これは自分を他者の目でみる能力のことです．つまり，病識とはまさに公的自己意識を含んでいるといえます．ですから，病識をもつということは，患者さんにとって，公

的自己意識をますます活性化させ，自己侵害を強める苦しい体験になるでしょう．上の仮説からすれば，病識欠如は，単なる副次的な特徴というにとどまらず，統合失調症の本質的な症状のひとつであることになります．

公的自己意識仮説の利点と限界　以上，統合失調症を公的自己意識の仮説からみてきました．この仮説の利点は，第1に，統合失調症の症状における「他者」の位置づけが明確になり，統合失調症の心理が多少は理解しやすくなることです．これまでの精神病理学においては，自己といえば私的自己意識ばかりを考え，他者といえば実際の他者ばかり考えることが多く，両方の性質をもつ公的自己意識は考えられてきませんでした．たとえば，自我漏洩体験や作為体験は，これまで，「自他境界」の崩れによると考えられてきました（104ページ）．しかし，このような説明はまえでみたような「誰でもない他者」というパラドクスを避けられません．公的自己意識仮説では，実際の他者ではなく，「内在他者」を考えることによって，このパラドクスを解消しました．この仮説においては，統合失調症の症状は自己内の現象であって，実際の他者を考えなくてもよいのです．

　第2に，この仮説は，統合失調症の多彩な症状を統一的に理解できます．統合失調症の症状は，何らかの原因によって，「内在他者」が実在化し，自己を侵害する現象であると考えられます．ここから，自我障害や幻覚・妄想を同列に考えることができ，陰性症状との関連もつかめるでしょう．

　この仮説は統合失調症の患者さんとの臨床体験のなかから生まれてきたものです．この仮説を調査や実験などで実証的証拠に裏づけることは今後の課題です．

3.4　統合失調症の治療について

　統合失調症の症状はきわめて多彩で深刻です．その治療も単純ではありません．一般には，①薬物療法，②心理療法，③社会復帰療法が併用されます．

薬物療法　統合失調症の治療には，まず第1に薬物療法が必要です．統合失調症は薬物療法によってかなりよくなります．その原理を簡単に説明しま

しょう．人間の脳神経は，無数の神経細胞のネットワークによってできています．その神経細胞と神経細胞がつながる接点をシナプスと呼びます．シナプスでは，細胞の末端と，つぎの細胞の先端とのあいだに，10万分の2ミリほどのすきまがあります．まえの細胞が興奮すると，細胞の末端から神経伝達物質がすきまに放出され，それがつぎの細胞のところに流れて興奮を伝えるしくみとなっています．神経伝達物質の種類には，ドーパミン，セロトニン，ノルアドレナリンなどがありますが，このうちドーパミン系の活動が過剰となり，脳の神経細胞の興奮が伝わりやすくなった状態が，統合失調症の陽性症状であるという説が有力になっています．これが**ドーパミン仮説**であり，多くの研究者が支持しています．そこで，陽性症状に対しては，ドーパミン系の活動を抑える薬剤が大きな効果をあげます．

心理学的療法と社会復帰療法　薬物療法と同時に，心理療法がおこなわれます．これには，支持的療法，精神分析療法，クライエント中心療法，行動療法などいろいろな方法が試みられています．また，最近では，認知療法，認知スキル訓練，家族介入法，コミュニティ療法など，多彩な方法が開発されています[26]（心理療法の種類や技法などについては，巻末解説8を見て下さい）．

社会復帰をはかるためには，生活療法（生活指導・作業療法・レクリエーション療法）や社会的スキル訓練などが行われ，また，デイケア（昼間だけの治療施設）や中間施設などでのリハビリテーション活動も行われます．

この章では，妄想と自我障害の理論をあげましたので，これらに関連した治療法として，以下では，妄想の認知療法と，自我障害の自閉療法について紹介したいと思います．

妄想の認知療法　近年は，妄想に対する認知療法が行われるようになっています．これまでは，治療者が患者さんと，妄想の内容について論じあうのは，むしろ妄想を強める結果となり，逆効果であるといった考えかたが強かったのです．このため，妄想の内容に直接踏み込んだ治療は行われませんでした．

妄想への認知療法について，最初に報告したのは，ワッツらでした[27]．

彼らは，妄想内容そのものを話題にするのではなく，その考えの根拠は何か，別の解釈はないのか，考えに反する事実をどう解釈するか，といったことについて，患者さんと話し合いました．あなたの考えは間違っているなどと指摘するようなことはしませんでした．そのさい，あまり強く確信していない考えから始めて，しだいに強い考えに移るといった段階的方法をとっています．ワッツらは，3名の統合失調症の患者さんに対して，こうした治療をすすめました．たとえば，35歳の患者さんは，「まわりの人が自分を困らせている」と固く信じ込み，この妄想のために外出することができなくなっていました．認知療法を行ったところ，このような妄想を信じる程度はかなり弱まりました．ほかの2人も，妄想の確信度は減少しました．

　こうした認知療法の考えかたは，妄想様観念におちいるのを予防する方法としても参考になるでしょう．**テスト3-1**で高得点だった方や，自分でも思いこみが強いと思っている人は参考にしてください．つまり，思いこみや曲解を避けるためには，その考えの根拠は何か，別の解釈はないのか，考えに反する事実をどう解釈するか，といったことをよく考えることです．妄想は，少ない情報から早まった結論を下してしまう結果であるという研究結果もあります．考えはすべて仮説であると割り切って，現実をよく見る態度が大切です．ひとつの考えに凝り固まらずに，自分の考えと合わないような事実もよく検討してみるなど，頭を柔らかくしておくことをおすすめします．

　自閉療法　統合失調症の自我障害に対して，神田橋と荒木[28]は自閉療法を提案しています．少し特殊な方法ではありますが，上で述べた公的自己意識仮説と治療論を結びつけるものですので，ここで少し紹介したいと思います．

　神田橋と荒木によると，統合失調症の患者さんは，他者と接すると，自分の秘密を「見抜かれる」ように感じ，内面的には不安定になります．しかし，そのことを自覚しておらず，むしろ自分から進んで心を他者に開き，告白し，それによって不安定さを強めていくことが多いのです．したがって，治療的には，他者に心を開く訓練をするよりは，むしろ逆に，他者を拒んだり，自閉を強めることのほうがより重要である場合が多いのです．実際に以前から，統合失調症においては，他者との接触を減らすことがむしろ自己保護的な意

義を持つことが指摘されてきました．そこで，神田橋と荒木は，以下のような治療を行いました．①安易に誰にでも心を開くことは有害であることを体験から洞察させる．②個室に閉じこもったり，現実の人間との情緒的接触を最小限に抑える，いわゆる自閉療法を行う．③他者に話して有害な内容とそうでない内容とを弁別し，また患者さんにとって心を許してもよい人と有害な人とを弁別する訓練を行う．④患者さんにとって有害な人に対しては，拒否で応ずる能力をつけるように働きかける．こうした方法をとったところ，患者さんが他者に心を閉じる能力がつくにしたがって，すなわち内面で「自閉能力」が育つにしたがって，外からみると，逆に自閉的ではない柔らかで親しみやすい態度に変化しました．

　自閉療法は，他者とのつきあいかたを学ぶ対人認知の訓練という側面があります．それと同時に，まえにのべた公的自己意識理論からみると，「内在他者」に対して心を閉じる自己認知の訓練ではなかろうかと思われます．

参考文献

バーチウッドとジャクソン（丹野義彦，石垣琢麿訳）　2006　統合失調症：基礎から臨床への架け橋．東京大学出版会．

ドライデンとレントゥル（丹野義彦監訳）　1996　認知臨床心理学入門．東京大学出版会．

石垣琢麿　2001　幻覚と妄想の認知臨床心理学．東京大学出版会．

笠原嘉　1998　精神病．岩波新書．

木村敏ほか　1990　異常心理学講座6　神経症と精神病 3．みすず書房．

三野善央　2003　レッスンとうごうしっちょうしょう．メディカ出版．

山下格　1997　新版 精神医学ハンドブック．日本評論社．

横田正夫・丹野義彦・石垣琢麿編 2003 統合失調症の臨床心理学．東京大学出版会．

コラム3——ストーカーと妄想

　ストーカーやストーキングの問題については，マスコミで採り上げられることも多く，皆さんもご存じでしょう．元ビートルズのジョン・レノンが熱狂的なファンによって殺害された事件（1980年）を思い出されたかたもいるかもしれません．

　「ストーカー」は英語のストーク（stalk）から派生した言葉です．stalkとは，「獲物に忍び寄ること」「そっと追跡すること」という意味です．ストーキング（ストーカー行為）にはさまざまなものがあるので明確に定義することは容易ではありませんが，米州法では，「意図的で悪意があり，繰り返し行われる他者へのつきまといと嫌がらせ」と定義されています．ストーカーは，相手の自宅や職場に無言電話をかけたり，愛の告白をしたりします．また相手のあとをつけたり監視したりします．悪質な場合は脅迫したり，殺害にまでおよぶこともあります．ストーキングの対象となるのは実際に交流がある（あった）人だけではありません．ストーカーが一方的に知っている他人（多くは自分より社会的地位が高い）や有名人が狙われることがあります．このような場合は，ストーカーは「その人は自分を愛している，ただその人の社会的な立場から直接口に出して言えないのだ」というような妄想（被愛妄想）をもっている場合が多いようです．また，ストーキングは「愛する」対象だけに向けられるとは限りません．「愛する」対象とストーカーとの間を邪魔する第三者に向けられることもあります．たとえば，あるプロテニスプレーヤーの熱狂的ファンが，ライバルのテニスプレーヤーを「邪魔者」として負傷させたという事件がありました．

　前述のようにストーキングの背景に，「自分が愛されている」という妄想（被愛妄想）が存在するものがあります．これは「妄想型エロトマニア」と呼ばれています．妄想型エロトマニアは，フランスの精神医学者ド・クレランボー（1902）によって報告されたものです．相手から愛されている，しかも相手が自分だけを愛しているという妄想を主症状とする慢性の精神病です．女性（特に中年女性）に多く，対象は自分より地位や身分の高い者が選ばれやすいとされています．エロトマニアでは，患者と対象との間に物理的に一定の距離が保たれています．患者は直接の接近を避け，対象との関係は人知れず患者のこころで育まれるプラトニックで禁欲的な世界なのです．現在では，DSM-IV

の妄想性障害・色情型として分類されています．

一方，最近アメリカで増加しているのが境界型エロトマニアと言われるものです（メロイ，1989 が記載）．これは，「愛の対象を一方的に追い求め暴力的傾向が強いという点に現れる極端な執着という障害」であり，妄想を伴っていません．過去に実際に患者と対象との間に感情的つながりがあるのが普通です．

影山はストーキングを表のように分類しています．ストーキングには，妄想型や人格障害に見られるものから普通の人にみられるものまであります．最近，特に若い人のあいだでは対人的な接触が希薄で，むしろパソコンやテレビゲームなどの機器との接触が増えています．バーチャル・リアリティを享受する世代にとっては，現実の人間と関わるよりは，バーチャル・リアリティの中で自分の世界を築いていくほうが楽しいのかもしれません．現実とゲームとの区別がつかず，事件や事故を起こしたという例が新聞やテレビをにぎわしています．懇意でない女性をつけ回す現代型のストーキングは，ゲーム感覚からなされているのかもしれません．

ストーキングは，対象へ病的なほどに執着している状態です．ストーキングの背後には精神障害（たとえば妄想性障害や人格障害）がある場合もありますが，3 章で述べたように，私たちの中にも妄想的観念があります．ストーキングの芽は誰にもあるのかもしれません．

参考文献
影山任佐　1997　エゴパシー：自己の病理の時代，第 3 章ストーカー：愛と憎しみの病理．日本評論社．
Kurt, J. L. 1995 Stalking as a variant of domestic violence. *Bulletin of the American Academy of Psychiatry and Law*, **23**, 219-230.
村上千鶴子，小田晋　1997　ストーカー犯罪研究の動向：海外犯罪研究．犯罪学雑誌，**63**, 133-135.

表 ストーキングの類型的分類 (影山, 1997)

分類	ストーカー	ストーキングの対象	特徴
古典型	エロトマニアなどの妄想患者	社会的地位が高い 妄想の続く限り同一対象に固着する	
現代型	人格障害,未婚青年 孤立・孤独,恋愛経験がない,生活ソフト欠乏症,オタク		ゲーム感覚, 自我の存在確認, 自我同一性障害
未練・執着型	人格障害から正常範囲の者まで,嫉妬・独占欲強い,青年・壮年	元恋人や妻など	
誇大・自信過剰型	ワンマンな中年男性,活動的で仕事はできる.恋愛経験豊富で女性にもてるとの思いこみが激しい	職場の部下など対象は変化しやすい	執拗だが,短期間
ファン型	グルーピー,エロトマニア(妄想型)	スターや有名人	

❹ 臨床の知の技法
自分のこころから臨床心理学へ

臨床の知の技法——「臨床心理学を勉強して，将来はカウンセラーになりたいんです」——心理学専攻の学生さんの多くが，入学当初にそういうんですよね．でも「助けてあげたい」「支えてあげたい」という理由だけでカウンセラーになっても……．医学部生が「助けてあげたい」思いだけで，勉強もせずに医者になっても困ります．
ひとのこころを癒すカウンセラーになるには，"共感"や"傾聴"の訓練以外にも，自分の主観・直観だけによらず，客観的・科学的に事態を見ることも必要です．この章は，このことについて見ていきましょう．

●この章の内容

4.1　精神病理とは・ソフトな精神病理の一般化……………135
4.2　精神病理をはかる………………………………………137
4.3　ソフトな精神病理に悩む人はどれくらいいるか…………138
4.4　どうして精神病理になるのか……………………………140
4.5　社会心理学的アプローチ………………………………143
4.6　認知的アプローチ………………………………………147
4.7　実証的アプローチ………………………………………151
4.8　精神病理にどのように対処するか………………………151

これまで，いろいろな不適応について，自分のこころから読み解いてきました．この章では，本書をふりかえりながらポイントをまとめてみます．

4.1　精神病理とは・ソフトな精神病理の一般化

3つのこころの問題　本書では，第1章で抑うつをとりあげ，第2章では対人不安を，第3章では妄想と自我障害をとりあげました．また，コラムでは，スチューデント・アパシー，摂食障害，ストーカーについて触れました．

このように，こころの問題にはさまざまのものがあります．本書では，DSMが何回か登場しました．これは，心理的障害を体系的に分類し，客観的に定義したものです（DSMについては巻末解説2を見て下さい）．このDSMをみると，心理的障害は大きく16個のカテゴリーに分けられ，さらに細かくみると，400個近い診断名があげられています．しかし，実際人びとがかかる頻度の高いものはそれほど多くありません．日本でDSMを用いた研究によると[1]，精神科医に相談にきた人の8割は，うつ病，神経症（不安障害），統合失調症という3つの問題に悩んでいます．そこで，本書では，これに対応させて，抑うつ，対人不安，統合失調症の3つをとりあげることにしたのです．

「ソフトな」精神病理　抑うつ，対人不安，アパシー，摂食障害といった不適応のことを，ここでは「ソフトな」精神病理と呼んでみたいと思います．こうしたソフトな病理が広がることによって，いじめ，カルト宗教，犯罪，薬物乱用といった青少年のいろいろな病理が増えてきているのではないでしょうか．

精神病理（サイコパソロジー，psychopathology）といえば，統合失調症や妄想性障害などの，脳内に生物学的な障害が存在する可能性がある疾患を思い浮かべるかたも多いと思います．これまでの研究は，病院や施設で行われ，そこでは，ロールシャッハ・テストや知能検査などの心理テスト（137ページ）を行い，それにもとづいて診断し，治療やリハビリテーションが行われています．これまで精神病理学という分野は，統合失調症の研究が中心でした．DSMが作られたのも，そもそも統合失調症の診断にいろい

ろな問題があったからでした (巻末解説 2). しかし, 最近, 精神科医のあいだでは, 統合失調症の症状が軽くなってきたといわれています. しかし, その分, 統合失調症と神経症の境界例 (ボーダーライン) が増えてきたといわれます. 境界例というのは, DSM では「境界性人格障害」として一定の性格的な特徴を示す用語としてとりあげられています. このように統合失調症の症状が軽くなったかわりに, 精神病理はむしろ広がりをみせるようになったといえるかもしれません.

これからはソフトな精神病理に対処するための研究がぜひとも必要になってきます. 抑うつや不安などを扱う新しい理論, つまり「ソフトな精神病理学」が必要となってきます. 本書の第 1 章や第 2 章で紹介したのはそうしたソフトな精神病理学であるといえます.

病院臨床と学校臨床・キャンパス臨床 こうしたソフトな精神病理が増えるにつれて, これまでの「病院臨床」という領域に加えて, 新たに,「学校臨床」や「キャンパス臨床」という領域が大切になってきました. つまり, 病院ではなく学校やキャンパスで増加しているソフトな精神病理に対応する分野です. 最近の日本では, スクール・カウンセラーや大学のカウンセラーがクローズアップされています. 日本の公立学校では, 1995 年から, スクール・カウンセラーが試験的に導入され, 2001 年からは本格的に導入されました. きっかけとなったのは, 学校での犯罪事件や阪神大震災ですが, その背景にはいじめや校内暴力が多発していることや, 不登校が増えていることなどがあります. アメリカなどでは, 教師とスクール・カウンセラーの分業が行われて成果をあげていますが, 日本の現状は, カウンセラーの数も少なく, 勤務時間も少ないなど, まだ不完全なものであり, 今後の充実が期待されるところです. また, 大学のキャンパスにおいても, カルト宗教, ストーカー, セクシュアル・ハラスメントなど, いろいろな事件が相次ぎ, 大学生のメンタルヘルスへの援助が求められるようになりました. 最近は, 学生相談室など, 大学生が困ったときに相談できる機関を用意している大学が多くなっています (何か困った場合にはそれらを利用してみるとよいでしょう).

自己理解のための精神病理学 これまでの精神病理学は, 精神疾患の治療

やリハビリテーションが中心でしたが，ソフトな病理を対象とするようになると，それを予防したり，問題が深刻にならないうちに対処したりすることも大切になります．自己理解を深めるために，自分のなかの精神病理性を自覚してもらい，重くならないうちに予防したり，相談にのったりするといった教育的な側面が大切になってきます．つまり，「治療のための精神病理学」から，「自己理解のための精神病理学」への発想の転換も必要です．

4.2 精神病理をはかる——アセスメント・ツールの科学

あなたの精神病理をはかってみよう　ソフトな精神病理やその芽は，あなたのなかにもあるかもしれません．そこで本書では，「自分のこころからよむ」ために，いろいろな質問紙法の心理テスト（アセスメント・ツール）を紹介しました．第1章では，「ツァン自己評価式抑うつ性尺度」（SDS），「非機能的態度尺度」（DAS）と「自己没入尺度」をとりあげました．第2章では「対人恐怖症状尺度」と「自己意識尺度」をとりあげ，第3章では「パラノイア尺度」をとりあげました．

質問に答えながら，こうした傾向が，案外，自分のなかに潜んでいると感じた人もいるかもしれません．いくつかのテストをやってみて，気がつかなかった側面に気づかされた人もいるでしょうし，テストの結果に納得してしまった人もいるでしょう．これまで何となく「こうではないか」と感じていた自分というものに対する見かたが，これらのテストによって，多少明確になったのではないでしょうか．

はじめに述べたことのくり返しになりますが，これらの質問紙で得られた結果は，そのときのあなたの状態を判断するための目安にとどめておいてください．この質問紙のみから安易に自己診断をしないで，心配な場合は専門家に相談することをおすすめします．

アセスメント・ツールの信頼性と妥当性　心理テストといえば，テレビや雑誌に出てくる Yes／No 式の単純な「心理ゲーム」とか，運勢判断式の「占い」などを思い浮かべるかたも多いと思います．しかし，これらと，本書で紹介したアセスメント・ツールは全く異なります．心理ゲームや占いが

その場の思いつきで作られているのに対し，アセスメント・ツールは，科学的な裏付けが保証されています．科学的な裏付けは，「**信頼性**」と「**妥当性**」というふたつの側面から確認されます．信頼性というのは，再現性のことであり，同じツールを同じ人に2回行ってみて，同じような結果が得られるということです．また，妥当性とは，はかろうとする性質をそのツールが確かにはかっているということです．妥当性が確かめられているほかのツールの結果と比べてみることが必要となります．妥当性のないツールの代表としては，血液型による性格判定法があげられます．心理学では，信頼性と妥当性をはかる方法が確立しており，それを調べるために膨大な労力と時間をかけます．そして，臨床場面では，信頼性と妥当性が確かめられたツールだけを使わなければなりません．

このようなアセスメント・ツールは，実証を大切にする心理学においてはきわめて重要なことです．一般に，臨床で使われるアセスメント・ツールは公開しないのが原則です．しかし，本書は自分のこころを通して精神病理への理解を深めていただきたかったこと，また，本書の読者にはこれから臨床心理学の専門家をめざす人も多いだろうこと，さらに，ここであげた尺度は学術的な色彩が強く，臨床場面で用いられることはまだそれほど多くないことなどを考えて，本書では質問紙をあえてそのまま紹介することにしました．

4.3 ソフトな精神病理に悩む人はどれくらいいるか
——正常と異常の連続性

ソフトな精神病理は珍しいものではない　本書では，抑うつ・対人不安・妄想といった不適応が，一般の人にもそれほど珍しいことではないという調査結果を紹介しました．

うつ病の生涯有病率は，第1章で述べたように，日本では15〜23％と報告されています．うつ病ですらこのようにありふれた疾患なのですから，それより軽度の抑うつはかなりありふれたものということができます．

また，対人不安についても，第2章で述べたように，DSMの社会恐怖の生涯有病率は3〜13％と報告されています．また，日本のある調査では，他者視線恐怖の傾向をもつ人は15歳では50％にも及んでいます．対人恐怖症

状尺度の結果でも，かなり多くの人が一度は対人恐怖を感じたことがあるといえます．さらに，第3章で述べたように，妄想的観念についても，パラノイア尺度の結果をみると，それほど珍しいものではないようです．

正常と異常の連続性　このように，調査の結果をみると，弱い精神病理は一般の人にもそれほど珍しいことではありません．そこで，本書では，正常と異常の連続性を強調しました．

抑うつは，第1章で述べたように，抑うつ気分―抑うつ症状―うつ病といった連続性をもっています．正常とうつ病との線引きは，微妙で難しいものなのです．また，対人不安についても，第2章の図2-6（78ページ）に示したように，対人不安―対人恐怖―思春期妄想症といった連続性があります．妄想的観念についても，第3章の図3-1（101ページ）に示したように，思いこみ―妄想様観念―心因性妄想―統合失調症の妄想といった連続体が考えられています．これまで，統合失調症の症状と健常な心理はさかい目のある非連続的なものであると考えられてきました．しかし，統合失調症が軽症化したり，ソフトな精神病理が広がるなど，正常と異常の違いはあいまいになってきています．

精神病理は，決して自分とは無関係のものではなく，自分自身のなかにも潜む身近な問題であるといえます．こうした精神病理は「こころのカゼ」と呼んでよいでしょう．カゼは，たいていは2～3日休めばなおりますが，無理をしてこじらせると肺炎など重い病気への引き金になります．これと同じように，こうした精神病理もしばらく休養すると回復しますが，こじらせてしまうと，回復せずに，長く続いてしまうことがあるので注意が必要です．

非臨床アナログ研究の重要性　これまでの精神病理の研究は，病院や施設に受診した人を対象としてきました．こうした病院や施設での研究を「臨床サンプル」を対象とした研究と呼びます．これに対し，最近は，大学生や一般人などの「非臨床サンプル」における精神病理の研究がかなり発展してきました．このような研究は臨床の類似物という意味で，「**アナログ研究**」と呼ばれたりします[2]．

これまでは，非臨床サンプルのアナログ研究は，臨床研究の代替物としか

思われていなかったのですが，研究が進むうちに，アナログ研究には重要な意義があることもわかってきました．たとえば，うつ病にかかって病院を受診する人は，うつ病にかかった人全体の10%にすぎないという研究結果もあります．そうなると，臨床サンプルは「うつ病の特殊なケース」ともいえるわけです．したがって，うつ病の全貌を明らかにするためには，臨床サンプルの研究だけでは不十分であり，非臨床サンプルの研究も必要となります．また，精神病理の素因を調べたり，その予防を考えるためには，非臨床サンプルを用いた研究が不可欠になります．ソフトな精神病理が広まっている現状を考えると，これからの臨床心理学の研究は，予防も視野に入れる必要があるでしょう．

4.4 どうして精神病理になるのか——素因ストレスモデル

発症の原因としてのストレッサー　どうして抑うつや不安になるのでしょうか．精神病理の発症には，ストレスと素因というふたつの要因がかかわっています．まず，ストレスの方からみていきましょう．

人間には，進路選択・対人関係・健康問題などに伴うさまざまなストレスがあります．ストレスをもたらす出来事のことを「**ストレッサー**」と呼びます．これには，たとえば進学・就職・結婚・老化のように，成長の過程で多くの人が必然的に直面する**発達的なストレッサー**と，たとえば事故・災害・病気・死別のように予期できない**偶発的なストレッサー**があります．多くの場合，人はストレッサーにうまく対処していき，その危機を乗り越え，人格的にいちだんと成長していくでしょう．しかし，なかにはうまく乗り越えられない場合も出てくるでしょう．そうなるといろいろな不適応がおこってきます．

このようにストレッサーは精神病理の発症をきめる大きな要因です．本書をふりかえってみましょう．抑うつについてみると，第1章で述べたように，セリグマンやエイブラムソンらの学習性無力感理論では，「コントロール不能な体験」というものを重視します．つまり，たとえば，勉強したのに成績が上がらない，治療に専念したのに病気がよくならない，といったストレスを体験することが抑うつを引き起こすというのです．絶望感理論は，もっと

ストレートに，抑うつを引き起こすのは「ネガティブなライフイベントを体験すること」であるとしています．また，ベックの認知のゆがみ理論においても，ネガティブなライフイベント（ストレス）が，抑うつ理論（28ページ，図1-6）の最初に来ています．

対人不安についても，ストレッサーが重視されます．第2章で述べたように，シュレンカーとリアリィの自己呈示理論でも，期待したとおりの反応がまわりの人から得られないことが対人不安の原因とされています．つまり，まわりの人からネガティブな評価を受けるというストレッサーが対人不安を生むというのです．さらに，日本の対人恐怖の人は，他者とうちとけた行動ができない悩み（たとえば，人が大勢いるとうまく対話のなかに入っていけない）とか，人からの評価が気になる悩み（他人が自分をどのように思っているのかとても不安になる）などをもっています．ここでも，対人場面のストレッサーが重要です．

一方，統合失調症は，何らかの生物学的な原因によるものと考えられており，ストレッサーが直接の原因とは考えられていません．それでも，ストレッサーが発病や再発のきっかけ（誘因）になることは臨床的によく知られています．

精神病理の素因　それでは，同じようにストレスをもたらす出来事（ストレッサー）を体験しても，どうしてある人は深刻にならずに通り過ぎてしまうのに，別の人は深刻になってしまうのでしょうか．その差は何なのでしょうか．そこで，何らかの個人差を考えざるをえません．それが「**素因**」や「**素質**」と呼ばれるものです．これは精神病理へのなりやすさをあらわしています．精神病理になりやすい性格（パーソナリティ）と呼んでもよいでしょう．

本書をふりかえってみると，いろいろな素因があげられています．

抑うつについてみると，第1章で述べたように，改訂学習性無力感理論では，原因帰属の個人差をあげています．つまり，いやな体験をした場合，その原因を「内的・安定的・全般的」と帰属する人は抑うつになりやすいとされています．このような傾向は，絶望感抑うつ理論においては，「抑うつ的帰属スタイル」と呼ばれるようになりました．また，ベックの認知のゆがみ

理論では，抑うつの素因として，「抑うつ的スキーマ」があげられています．抑うつスキーマとは，「すべての人にいつも受け入れてもらわなければ，幸福にはなれない」とか「価値ある人であるためには，引き受けた仕事をつねに成功させねばならない」といった極端な考えかたや信念のことです．さらに，自己注目理論では，抑うつの素因として，自己没入傾向（自分について考えやすく，考えたらなかなかそれが止まらない傾向）をあげています．

　対人不安の素因もいろいろあがっています．第2章で述べたように，バスの対人不安理論では，観衆不安が強い性格やシャイな性格というものを仮定しています．また，シュレンカーとリアリィの自己呈示理論では，自己呈示への動機づけが高い人，つまり自分をよくみせたいという欲求が強い人が対人不安になりやすいとしています．そして，公的自己意識が強い人は自己呈示への動機づけが高いと述べています．さらに，日本の対人恐怖の人は，人に好かれたいが負けたくないといった相矛盾する性格を持つといわれています．

　統合失調症についても素因が重視されてきました．その代表的な考え方は，クレッチマーの「内閉気質」というものです．本書では触れませんでしたが，内閉性格とは，自分のうちとそとを分け，内面の殻に閉じこもりやすい性格をあらわしています．また本書では，第3章で，投影的帰属バイアスや自己標的バイアスをとりあげ，これらが妄想的観念の素因と考えられていることを述べました．

　以上のように，本書であげた理論のほとんどが，発症の「素因」というものを仮定しています．

素因ストレスモデル　ストレスと素因は加算的な関係にあると考えられています．つまり，一定の素因をもつ人が，強いストレッサーを体験したときに，精神病理を発症するという考えかたです．これを「素因ストレスモデル」と呼びます．

　これを表4-1で説明しましょう．ストレッサーも素因もともに弱い場合は，精神病理は発症しません．ストレッサーか素因のどちらか一方が強い場合は，精神病理が発症します．しかし，この場合は持続することはないと考えられます．ストレッサーも素因も両方強い場合は，精神病理が発症しそれ

表4-1 素因ストレスモデルからみた精神病理の発症と持続

		ストレッサー	
		弱い	強い
素因	弱い	発症しない	発症しても続かない
	強い	発症しても続かない	発症して長く続く

が持続します．

ですから，同じ弱いストレッサーを体験しても，素因の弱い人は発症しないのに対して，素因の強い人は発症すると考えられます．強いストレッサーを体験した場合は，素因の強弱にかかわらず発症するでしょう．ただし，その持続は素因によって違ってくるのです．このような素因ストレスモデルについて，メタルスキーらは数量的な根拠をあげて実証しています[3][4]．素因ストレスモデルはこれからの臨床心理学の基本的な枠組みになると思われます．このモデルに沿って，いろいろな実証的な研究が進んでゆくでしょう．

4.5 社会心理学的アプローチ——臨床心理学とのインターフェース

うえで述べた「素因ストレスモデル」もそうですが，最近の欧米における臨床心理学の研究では，こころの問題を，(1) 社会心理学の，(2) 認知論的な立場から，(3) 実証的に明らかにしようと試みています．こうしたアプローチでは，本書で紹介したようなアセスメント・ツールを用いてデータを集め，モデルや理論が現実に当てはまるか否かを検討しています．本書はこのような立場の研究を紹介したわけです．以下では，上記の (1) (2) (3) について詳しくみていきましょう．

社会心理学から臨床心理学にアプローチする 本書は，社会心理学で発展した原因帰属理論や自己意識理論にもとづいて，不適応の問題を考えてきました．

これを歴史的に整理してみると，図4-1のようになります．セリグマンの学習性無力感理論を土台として，エイブラムソンらは，社会心理学の原因帰属理論を導入し，1978年に「改訂学習性無力感理論」を発表しました

社会心理学の理論	臨床心理学の理論
	不安　　　抑うつ　　　統合失調症

```
                                オリジナルな
                                学習性無力感理論
                                セリグマン 1974
                                    ↓
    原因帰属理論  ──────────→   改訂              ──────→  妄想の
                                学習性無力感理論              帰属理論
                                エイブラムソンら 1978
                        ┌───────────┤
                        ↓           ↓
    抑うつリアリズム              素因ストレスモデル
    アロイら 1979                メタルスキーら 1982
                                    ↓
                                絶望感抑うつ理論
                                アロイら 1988
```

自己意識理論
- 客体的自覚理論　デュバルら 1972
- 自己意識の符号化理論　ハルとレビィ 1979
- コントロール理論　カーバーら 1981
- 公的・私的自己意識　バス 1980
- 自己注目理論　イングラム 1990
- 他者意識理論　辻 1993

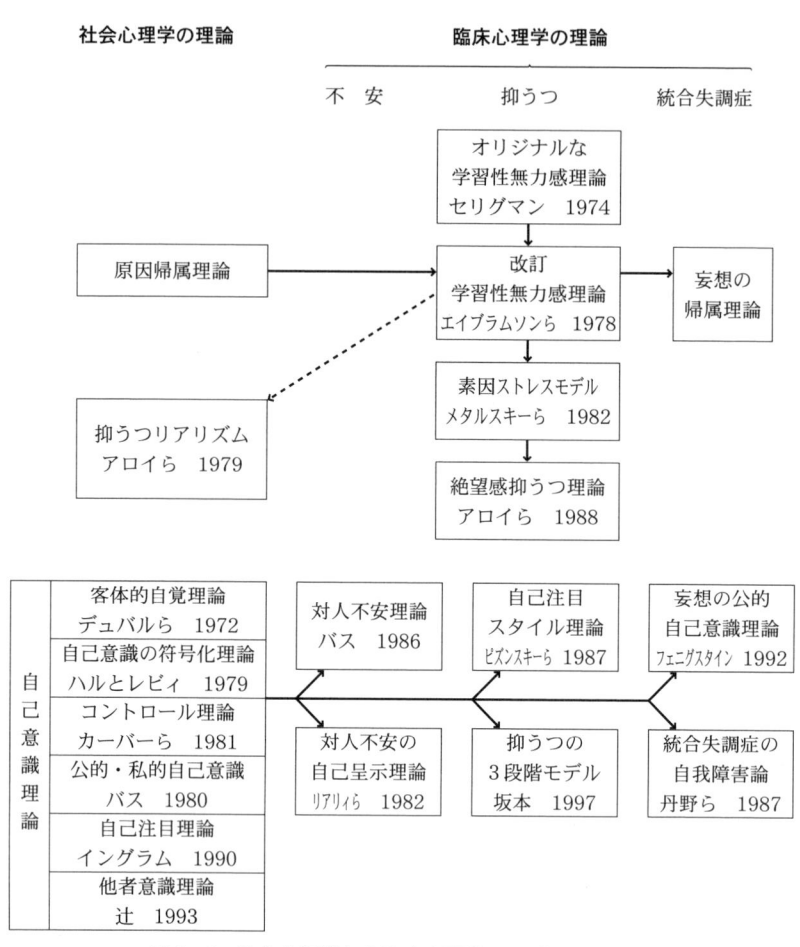

| 対人不安理論 バス 1986 | 自己注目スタイル理論 ピズンスキーら 1987 | 妄想の公的自己意識理論 フェニグスタイン 1992 |
| 対人不安の自己呈示理論 リアリィら 1982 | 抑うつの3段階モデル 坂本 1997 | 統合失調症の自我障害論 丹野ら 1987 |

図4-1　社会心理学から臨床心理学にアプローチする

(原因帰属については巻末解説3を，学習性無力感については巻末解説4をみてください)．これは社会心理学と臨床心理学のインターフェースにとって画期的な論文でした．というのも，これ以後，社会心理学の理論が臨床心理学でさかんに用いられるようになったからです．そのひとつに，本書の第3章で紹介した妄想の帰属理論があります．また，改訂学習性無力感理論がきっかけとなり，アロイらは「**抑うつリアリズム**」の考えかたを提出します．これは，認知が正確なのは抑うつ的な人のほうであり，抑うつ的でない人のほうが認知がポジティブな方向にゆがんでいるという主張です．つまり，抑うつ的な人は現実を正確にとらえているのに対し，抑うつ的でない人は，たとえば現実には偶然によって支配されている事態を「自分がその事態をコントロールしている」というように，ポジティブな方向にゆがめて理解しているというのです．一見すると常識を覆すような考えかたですが，いろいろな実験を行うと，確かにこうした結果になることもあるのです．抑うつリアリズムの研究は[5]，のちに社会的幻想の研究へと発展していきます．このように，社会心理学が臨床心理学に影響を与えるだけでなく，逆に，臨床心理学が社会心理学に影響を与えることもしばしばあるのです．両者の関係は相互的なのです．

　その後，改訂学習性無力感理論をベースにして，メタルスキーらは，1982年に抑うつの「素因ストレスモデル」を発表し[6]，それを継時的調査によって実証します．さらに，それを吸収し，理論的に整備したのが，エイブラムソンらの「絶望感理論」です[7]．

　一方，図4-1に示すような自己意識理論の展開があります．1970年ごろから，社会心理学のなかで自己意識理論が展開しました．デュバルとウィックランドの「客体的自覚理論」[8]をきっかけにして，いろいろな自己理論があらわれました（自己意識の理論については巻末解説5を見て下さい）．ハルとレヴィの「自己意識の符号化理論」[9]，カーバーらの「コントロール理論」[10]，バスの「公的・私的自己意識理論」[11]，イングラムの「自己注目理論」[12]，辻の「他者意識理論」[13]などです．

　そして，1980年代に入ると，自己意識理論を用いて，いろいろな精神病理の成り立ちを説明する試みがさかんになりました．不安については，たとえば，第2章でとりあげたバスの「対人不安理論」[14]やシュレンカーとリア

リィの対人不安の「自己呈示理論」[15]があります．また，抑うつについては，第1章でとりあげたピズンスキーとグリーンバーグの「自己注目スタイル理論」[16]があります．また，統合失調症の領域としては，第3章で説明した丹野らの「自我障害仮説」[17]があげられます．ほかにも，本書ではとりあげる余裕がありませんでしたが，ワインのテスト不安の理論[18]，ハルのアルコール依存の自己意識理論[19]，坂本の抑うつの3段階理論[20]，フェニグスタインらのパラノイア理論[21]など，いろいろな理論があります．

臨床心理学と社会心理学のインターフェース　社会心理学には，帰属・攻撃・自己呈示・同調など，臨床場面で問題になる現象についての研究が豊富にあります．これらの研究を利用すると，臨床の現象を理論的に説明したり実証研究の土台にのせたりできるようになります．表4-2は，リアリィとミラーが，社会心理学の理論と，臨床心理学的な現象を対応づけたものです．

表4-2の上半分にみられるとおり，本書で取り上げた抑うつ，不安，妄想以外にも，社会心理学からアプローチできる精神病理がたくさんあります．たとえば，犯罪や非行などの攻撃の問題，孤独感，嫉妬といった人間関係の問題，薬物やアルコールの乱用や摂食障害などです．最近では，そのような研究もかなり増えています．

また，表4-2の下半分にみられるように，カウンセリングや心理療法の中心的な問題についても，社会心理学からアプローチすることができます．心理治療はセラピストとクライエントの対人接触場面であり，まさに社会的過程であるといえます．カウンセラーとクライエントという2者の関係性や，ふたりの対人的なダイナミックスを理解するためには，社会心理学的アプローチも有用になります．実際，そのような研究も増えています．

臨床社会心理学の今後　このように，臨床心理学者と社会心理学者が共同して取り組むことで，臨床現場での現象を理論的に研究できるようになります．こうした臨床社会心理学といった研究は，欧米の心理学では非常にさかんになっています．著書が相次いで出版され[22][23][24][25][26][27]，専門の雑誌も登場しています（注）．しかし，日本ではまだまだ小さな新しい流れにすぎません．本書がきっかけとなり，両者の研究協力がさかんになることを望

表4-2 不適応行動の発現や治療における社会心理学的過程

社会心理学的現象	不適応現象の発現との関連性
帰属	身体状態，心理状態の解釈；ネガティブな事象に対する反応；自責；知覚された無力感；抑うつ
攻撃	幼児，配偶者の虐待；レイプ；一般的な敵意
自己呈示	評価懸念；仮病；精神病理の印象操作；対人不安
人間関係	結婚問題；対人的葛藤；コミュニケーション障害；孤独感；嫉妬心；ソーシャル・サポート
社会的比較	自己概念の形成と変容；自分の精神的健康についての推測
同調	薬物，アルコールの使用；喫煙
自己	自尊感情，アイデンティティの問題；自滅的行動；抑うつ；没個性化と反社会的行動；摂食障害
モデリング	社会的スキルの障害；対処のスタイル
役割	不適応的な役割行動；役割葛藤
社会心理学的現象	治療との関連性
態度	治療における態度変化
社会的影響・勢力	心理治療とカウンセリングの過程；入院患者の勢力使用方略
影響に対する抵抗	クライエントの抵抗；治療訓練への応諾；逆説心理療法
対人魅力	セラピスト-クライエント関係
集団力学	集団心理療法
自己成就的予言	治療における期待効果；希望
認知的不協和	治療における努力の正当化
自己	治療における利己的な抵抗；拒否；抑圧
モデリング	ロールプレイング；社会的スキルの訓練
人間関係	ソーシャル・サポート；ストレス事象に対する対処；転移

文献（24）を一部改変

みます．

注） 1975年には『認知療法と研究』（*Cognitive Therapy and Research*）が，1983年には『社会・臨床心理学雑誌』（*Journal of Social and Clinical Psychology*）が発刊されました．また，社会心理学系の『人格・社会心理学雑誌』（*Journal of Personality and Social Psychology*）や臨床心理学系の『異常心理学雑誌』（*Journal of Abnormal Psychology*），『相談・臨床心理学雑誌』（*Journal of Consulting and Clinical Psychology*）でも，臨床心理学的なテーマに社会心理学からアプローチした研究が盛んに発表されています．

4.6　認知的アプローチ──1人称から人間を知る

臨床心理学の「知」の技法　第2の認知を扱うというのは，人間の思考や

論理といった知的なものを重視するということです．人間のこころを知・情・意に分けると，抑うつや不安は「情」や「意」の問題です．しかし，その底では，「知」の部分が大きな役割をはたしていることがわかってきました．そこで，このような「知」の側面から，抑うつや不安をコントロールすることが考えられています．その代表は，認知療法の考え方です（125ページを思いだして下さい）．

　もうひとつ，認知という場合，人間を外部からとらえるのではなく，こころの内部からとらえることを示しています．人間の心や主観的な現象を解明するということです．これは，1970年以降に発展した認知心理学を取り入れた考えかたです．この点について，少し別の観点から考えてみましょう．これを考えることによって，本書の「自分のこころからよむ」ということの意味が少し明らかになります．

　ここでは，人間を理解する方法として，3人称，2人称，1人称という観点を考えてみましょう．

3人称的な人間理解——科学的な理解　まず，3人称として人を理解するというのは，「彼はこうである」「彼女はこうである」というように，第三者として理解するということです．冷静に客観的に人間をみていこうとするものです．その代表は行動主義の心理学です．行動主義というのは，人の内面の心理を扱わずに，主観を排して，客観的に調べられる（外から観察することのできる）行動だけを扱おうとします．これは，科学をめざす心理学に対して大きな影響を与えました．

　抑うつや不安といったこころの不適応を理解するにあたっても，このような客観的・科学的方法は大切です．たとえば，その人がどのような経過でどのような症状をもつに至ったか，どのような性格や家庭環境にいるか，といったことを冷静に把握したり，DSMなどの客観的な基準で診断することは非常に大切です．また，症状の原因や治療法を研究したりするためには，こうした3人称的な理解が不可欠になります．

2人称的な人間理解——生身の人間としての理解　2人称として人を理解するというのは，「君はこうですね」「あなたはこうなんですね」というよう

に，親しい相手として人間をみていくということです．3人称のように客観的に突きはなしてみるのではなくて，親密な人間関係の中で相手を理解しようとするものです．

　心理学のなかで，この立場を最も鮮明にしているのが**カウンセリングや心理療法**です．たとえば，カウンセリングでは，カウンセラーとクライエントの人間関係の質というものを何より重視します．カウンセラーはクライエントについて，温かい目で生身の人間として理解しようとします．つまり，2人称的な親密な関係として，共感的に相手を理解しようとするのです．

　こころの不適応を理解するにあたって，2人称的理解はきわめて重要です．2人称的な理解とは，その人にとって不適応というものがどのような意味をもつのか，不適応を克服するにはどうしたらよいか，などについて，いっしょになって考えていくことです．クライエントのこころをどれだけ共感的に理解できるかということが，カウンセリングがうまくいくかどうかの分かれ目になります．それがうまくいけば，クライエントのこころには，建設的な方向への変化がおこってくるのです（巻末解説8）．このようにカウンセリングの中では，2人称的な理解ということが何より必要となります．

1人称的な人間理解——自分のこころから人間を理解する　最後に，1人称として人を理解するというのは，「私はこうである」というように，自分のこころを主観的に観察して理解するということです．世の中には無数の人間がいますが，その中で最もよく知っているのは誰かといえば，それは私自身にほかなりません．人は，多かれ少なかれ，自分というものを通して，人間一般というものを理解します．自分のこころを観察することによって，そこから人間一般がみえてくるのです．

　1人称的な心理学の代表は，内観心理学です．内観というのは，自分の思考を自分で観察して，それを意識化し，言葉にあらわすことです．ヴントという心理学者は，意識というものを研究するためにこの方法を用いました．このヴントの内観心理学から，現代の心理学が始まったとされていますから，心理学は1人称的な理解法から始まったといえるのです．それだけ素朴で力強い人間理解法といえるでしょう．

　その後の歴史をみると，内観心理学の1人称的理解を批判するという形で，

2つの大きな理論があらわれます．ひとつは，前述のように，人間を3人称的に理解しようとする「行動主義心理学」です．もうひとつは，1人称では理解できない「無意識」というものを重視する「精神分析学」です．この精神分析学から，前述した2人称的なカウンセリングや臨床心理学が生まれてきたのです．こうして，1人称的方法は心理学の表舞台からいったん消えたのですが，1970年代から認知心理学が盛んになるとともに，ふたたび1人称的方法が脚光を浴びるようになりました．認知心理学は，記憶・思考・イメージといった内面の主観的な心理をとりあげて，それを科学的に解明しようとしています．

臨床心理学入門としての「1人称的理解」 こころの不適応を理解するにあたって，1人称的な理解は大切です．まず，不適応を理解するためには，自分の体験というものに立ち返って考える必要があります．抑うつや不安は，ほとんどの人が一度は心当たりがあるでしょう．妄想や幻覚といった統合失調症の症状も，誰もが持っているありふれた心理現象を土台としているのです．また，他人をよく理解するためには，自分というものをよく知る必要があるのです．カウンセラーの訓練には自己理解の訓練が含まれています．このことは3章の115ページでのべました．つまり，共感的理解の基礎として，1人称的な自己理解が必要となるのです．さらに，こころの不適応を，自分とは関係のない他人事と考えるのではなく，自分の中にも潜んでいるものと考えることによって，不適応におちいっている人を差別しない態度が培われるでしょう．

このように臨床心理学の入門のためには，1人称的な理解が大切となります．『自分のこころからよむ臨床心理学入門』という本書のタイトルは，このような意味もこめられています．

ただし，臨床心理学にとっては3つの見かたはどれも大切です．専門家になるためには，3人称の科学的見方や，2人称の共感的な見かたを十分に身につける必要があります．臨床心理学者には「サイエンス」と「アート」のバランスが必要なのです．

4.7 実証的アプローチ──サイエンスとしての臨床心理学

実証にもとづく臨床心理学 本書の第3の特徴は，実証を大切にすることです．つまり，実践や調査によって，現実の人間と向き合い，現実の人間のこころを理解することを重視します．机上の空論を作って，ああでもないこうでもないと考えるだけでは意味がありません．理論を組み立てるだけでなく，理論を検証することを大切にします．理論は確証されることもあれば，確証されないこともあります．このようなステップの積み重ねにより，よりたしかな理論が生まれてきます．

最近，医療の世界では，実証にもとづく医療（Evidence-Based Medicine）が脚光を浴びています．これまでの医療が医師の経験と勘に頼っていたことを反省し，各疾患ごとに治療効果を組織的に調べ，治療効果を数量的に判定したデータベースが作られています．現場の医師はインターネットでアクセスし，その情報を診療に使うわけです．臨床心理学においても，このような科学に裏づけられた考えかたが必要とされています．筆者らはこれを「実証にもとづいた臨床心理学」と呼んでいます．ここでは，ひとりひとりの事例で，どの治療法が効果があったかを確かめます．そして多数例の治療成績をデータベース化し，臨床現場に提供します．現場では，それを利用して，アラカルトで治療技法を選びます．このようなサイエンスとしての土台が臨床心理学にも必要だと思います[28]．

4.8 精神病理にどのように対処するか
──セルフコントロールの技法

精神病理に対して，「自分のこころ」で対処するにはどうしたらよいでしょうか．本書では，精神病理に自分で対処したり予防するセルフコントロールの方法をいくつか提案してきました．

認知を変える 第1は，認知のしかたを変えるということです．
エリスのABC図式によると，悩み（C）をもたらすものは，出来事（A）

そのものではなく，その認知（B）にあります（27ページ）．出来事そのものを変えることは難しいのですが，それに比べると，認知のしかたを変えることは容易です．

抑うつについては，第1章で述べたように，ベックによると，抑うつ感情は抑うつ認知から生じてくるのです．抑うつ感情を直接抑えることは難しいのですが，抑うつ的な認知を自分の意志によって変えることは可能です．こうしたセルフコントロールの考えかたが認知療法の基礎になっています．落ち込んだ場合は，ネガティブな結果を自分のせいにしないこと，ネガティブにゆがんだ認知をポジティブな適応的な方向に変えることが大切です．

また，対人不安についても，自分だけが対人不安で困っているなどと考えず，むしろ多少の対人不安をもっていたほうが，対人関係は円滑にいくのだと割り切って，ポジティブに考えることも大切です．

第3章では，認知療法の考えかたで，妄想様観念に陥るのを予防する方法を述べました．思いこみや曲解を避けるためには，その考えの根拠は何か，別の解釈はないのか，考えに反する事実をどう解釈するか，といったことをよく考えることです．ひとつの考えに凝り固まらずに，自分の考えと合わないような事実もよく検討してみるなど，頭を柔らかくしておくことをおすすめします．

症状対処と気晴らし　第2は気晴らしをすることです．

ノレン-ホエクセーマによると[28]，抑うつが持続するか，あるいはそこから回復するか，それを決めるのは対処のしかたによります．抑うつに対して，その原因を繰り返し考える「考え込み型反応」は抑うつを持続させます．これに対し，抑うつ気分から意図的に注意をそらす「気晴らし型反応」は抑うつから回復させます．第1章で述べたように，抑うつは，自己注目をしつづけている状態といえます．気分が落ち込んでいるときに，自分のことに考えをめぐらせると，よけいに落ち込んでしまいます．このようなときは，自己注目をやめて，気晴らしをすることが役立ちます．自己から注意をそらせば抑うつからの回復を早めます．

対人不安についても，バスの理論にみるように，自己意識の高まりは対人不安を引き起こします．まわりの人に自分がどのように思われているかとい

った過剰な自己意識が対人不安となって現れるのです．したがって，抑うつと同じように，自己注目をやめて，気晴らしをすることが役立ちます．

専門家に相談すること　以上のような方法で，自分で解決してみて，うまくいかない場合は，カウンセラーや精神科医などの専門家に相談してみることをおすすめします．専門家はいろいろな手段であなたを援助してくれるでしょう．

カウンセラーは定期的な面接をとおして，あなたの気持ちを共感的に理解してくれるでしょう．カウンセリングにはさまざまの考えかたと技法があります．おもなものは精神分析療法，行動療法，認知療法，クライエント中心療法などですが（巻末解説8を参照），本書ではほかにも森田療法（84ページ）や自閉療法（126ページ）といった技法を紹介しました．しかし，立場や技法はさまざまでも，カウンセラーは共通して，前述のように2人称的にあなたを理解しようとし，あなたとの人間関係を大切にしてくれると思います．クライエントのこころをどれだけ共感的に理解できるかということが，カウンセリングがうまくいくかどうかの分かれ目になるからです．場合によっては，心理テストをもちいて心理的問題を明確にすることもあります．また，精神科医は，以上のようなカウンセリングも行いますが，薬物療法を中心とした治療を行います．薬物療法は精神病理に対してかなりの効果があります．

参考文献
坂本真士・丹野義彦・安藤清志（編）　2007　臨床社会心理学．東京大学出版会．
丹野義彦　2001　エビデンス臨床心理学．日本評論社．
丹野義彦・坂本真士・石垣琢麿　2009　臨床と性格の心理学．岩波書店．

●──巻末解説

1 正規分布と標準偏差 …………………………………… 156
2 DSM-IV と診断基準 …………………………………… 157
3 帰属理論 ………………………………………………… 159
4 学習性無力感理論 ……………………………………… 164
5 自己注目の理論 ………………………………………… 167
6 自己呈示 ………………………………………………… 176
7 「精神分裂病」から「統合失調症」へ ……………… 178
8 心理療法とカウンセリングのさまざま ……………… 180

巻末解説1　正規分布と標準偏差

　本書では，ところどころで自分を知るためのテストに答えてもらっています．テストに答えてもらって，自分の状態や内面について考えてもらうことを目的としています．そして，自分がそのテストでどの辺の位置にいるかをわかっていただくために，そのテストについて筆者らのとったデータの平均と標準偏差の値を文中に載せてあります．そこで簡単に，平均や標準偏差などについて説明します．

　人の知能，学力や身長などは，下図にあるように正規分布をすると言われています．心理学で使われる多くのテストでも，正規分布に近い形で得点が分布します（中には，得点の分布に偏りが見られる尺度もあります）．10ページのSDS得点の分布も，ほぼ左右対称で，山がひとつの得点分布をしています．

　平均（正確には算術平均）や標準偏差というのは，測定したデータがどのような性質をもつかを表すものです．平均は，全体をならしたときにどのくらいの値になるかを示すもの，標準偏差はデータのばらつきを示すものと考えて下さい．

　データが正規分布にしたがって分布する場合，以下のようなことがいえます．
・平均±（1×標準偏差）の範囲の中には，全体の約68%が分布する
　（平均+（1×標準偏差）以上の得点をとる人は，全体の約16%である）
・平均±（2×標準偏差）の範囲の中には，全体の約95%が分布する
　（平均+（2×標準偏差）以上の得点をとる人は，全体の約2.5%である）
・平均±（3×標準偏差）の範囲の中には，全体の約99.7%が分布する
　（平均+（3×標準偏差）以上の得点をとる人は，全体の約0.15%である）

　本文中で，「○点以上の人は，何々」といういいかたをしているのも，正規分布と標準偏差に関する上記の性質を使っているのです．

　なお，よく知られている「偏差値」というのは，得点の平均を50，標準偏差を10にするようにそろえた値です．したがって，偏差値50というのはデータ全体の平均と同じことを，偏差値60というのは全体の中で上位16%であることを，偏差値70というのは全体のなかで上位2.5%であることを意味します．

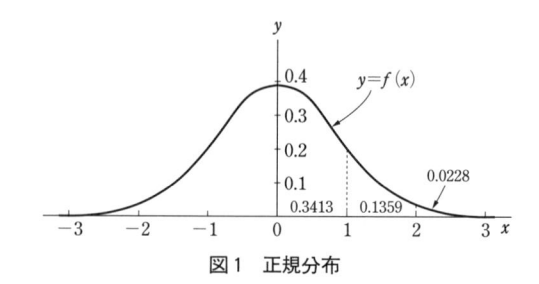

図1　正規分布

巻末解説2 DSM-IV と診断基準

DSM-IV とは何か 本書では DSM という用語が何回か出てきましたが，これは Diagnostic and Statistical Manual for Mental Disorders の略語です．直訳すると「精神障害の診断と統計のマニュアル」となります．DSM の第1版は1952年に作られましたが，多くの改良が加えられ，1994年に第4版の DSM-IV が作られました．DSM はアメリカ精神医学会が作った診断基準です．**診断基準**というのは，うつ病・不安障害などさまざまな心理的問題を体系的に分類し，客観的な定義をしたものです．現在国際的に用いられている精神科の診断基準には、DSM のほかにも、WHO（世界保健機関）が作った ICD（International Classification of Disease：国際疾病分類）などがあります．

診断基準はなぜ必要か このような診断基準が整備されたのは比較的最近になってからです．それまでは医師個人個人が自分なりの基準で、精神科の病名をつけていました．このような時代では、一人の患者に対して医師間で異なった診断がつくことが稀ではありませんでした．つまり、ある人が A 医師に診てもらったときには「統合失調症」と診断されたのに、B 医師に診てもらったときには「うつ病」と診断されるようなことがよく起こっていました．

このような問題を明らかにしたのは、アメリカとイギリスの診断基準に関する調査です．この調査では、両国の精神科医に同一の架空の症例を提示し、診断をつけてもらいました．その結果、全体的に見ると、イギリスでは「統合失調症」という診断がつけられやすかったのに対し、アメリカでは「うつ病」と診断されることも多かったのです．もちろん、提示された症例は両国で同じものでした．つまり、この結果は，国によって（さらに言えば医師間でも）診断の付け方が異なることを示しています．

この結果を受けて、WHO やアメリカ精神医学会では診断基準の統一を図るようになり、ICD や DSM が作られました．診断基準を医師間で統一していれば、一人の患者を複数の医師で診る際に情報交換がしやすくなります．

DSM にはどのような特長と限界があるか DSM にはいろいろな特長があります．その第1は，多軸診断システムといって、ひとりのクライエントについて、5つの次元から総合的に診断するシステムをとることです．第1軸は臨床症候群，第2軸は人格障害，第3軸は身体疾患，第4軸は心理的社会的ストレスの強さ，第5軸は過去1年の生活適応度です．このように、診断が単純なラベル貼りに終わることがないように，総合的な視点からひとりの人間を捉えようとする工夫がなされているのです．

第2の特長は，心理的な問題の全体をカバーしていることです．第1軸の臨床症候群は16のカテゴリーに分かれます．第2章で述べたうつ病は「気分障害」というカテゴリーの中に含まれます．また、第3章の社会恐怖は「不安障害」に，第4章の統合失調症は「統合失調症および他の精神病性障害」に含まれます．16のカテゴリーはさらに細分化され、小さなカテゴリーの数は全体では400近くにのぼります．このように，DSM は現代社会で問題となる症候群をだいたい網羅しています．

第3の特長は，明確で操作的な基準を用いていることです．DSMの本を実際にのぞいてみるとわかりますが，例えば，症状の数，罹病期間などを操作的・具体的に定義しています．これらは，症状をただ羅列しているだけで，その原因や心理的なプロセスについてはほとんど触れていません．無機的・冷徹・無味乾燥という印象がします．臨床の本というよりは，法律の条文集という感じです．しかし，その分だけ，ある臨床家の用いた診断用語が，ほぼ正確に他の臨床家にも理解されるという利点が生まれます．つまり，臨床家の共通のコミュニケーションの道具となるわけです．DSMが目標としていることは，診断の信頼性を高めるということです．究極的には，DSMをもとにして診断すると，誰がおこなっても同じ結論に到るということが理想です．これは実際には難しいことですが，DSMが診断の信頼性を高めるための努力をしていることは専門家から高く評価されています．

　DSMにはこうした多くの利点がありますが，万能というわけではありません．DSMはアメリカの文化を色濃く反映しており，他の文化には合わないこともあります．第2章で述べたように，日本の対人恐怖の症状は，DSM-IVの「社会恐怖」の診断基準と必ずしも対応していません．また，42ページのコラム1で紹介した下山晴彦は，日本のスチューデント・アパシーの事例を多く検討する中から，DSMに「アパシー性人格障害」というカテゴリーを付け加えることを提案しています．また，精神分裂病の研究では，第3章でとりあげた自我障害についてもDSM-IVにはほとんど取り上げられていません．DSMはアメリカの精神医学の考え方が強いため，ドイツやフランスの精神病理学の伝統は軽視されています．さらに，DSM-IVは医療場面での使用を念頭にして作られたために，学校臨床などでは使いにくいようです．

　以上のように，いろいろな批判はありますが，それを上回る多くの利点があるため，臨床家の共通言語として，1980年頃から世界的に用いられるようになりました．日本でもよく使われるようになっています．臨床心理学を勉強する場合でも，DSMの知識は必須となります．DSMが普及することによって，精神医学や臨床心理学の科学的・実証的な研究が増えてきました．DSMは科学的な精神医学や臨床心理学を作る上で大きな原動力となっているのです．

参考文献

アメリカ精神医学会（高橋三郎・大野裕・染矢俊幸訳）　1995　精神疾患の分類と診断の手引．医学書院．
北村俊則　1995　精神症状測定の理論と実際　第2版．海鳴社．

巻末解説 3　帰属理論

　私たちはある出来事を経験したあとに，なぜその出来事が起きたか，その原因は何か考えることがあります．たとえば，学生は毎学期試験を受けそれにパスしたり落第したりしていますが，試験を受けたあと，試験での成功や失敗がどうして起こったのかを考えます．また，友だちに不機嫌な態度で応対されたときには，どうして不機嫌なのかを考えるでしょう．そして，どのようなことに原因があるか考えた結果が，その後の行動に影響を与えます．たとえば，試験に落第した場合，それは自分の頭が悪いせいであると考えれば絶望的な気持ちになるでしょうし，たまたま運が悪かったのだと考えれば，気楽な気持ちでつぎの学期の試験に臨めることになるでしょう．友だちに不機嫌な態度で応対されたのは，友だちが先生に怒られたせいだとわかれば慰めてあげようと思うでしょうし，自分のひとことが友だちを怒らせてしまったのだと思えばすまない気持ちになるでしょう．

　このように一般の人びとが，身のまわりに起こるさまざまな出来事や，自己や他者の行動に関して，その原因を推論する過程を**原因帰属**と言います．また人は，そのような原因推論を通して，自己や他者の内的な特性・属性に関する推論を行います（**特性帰属**）．原因帰属，特性帰属の一連の過程を合わせて**帰属過程**（attribution process）といい，帰属過程に関する理論を**帰属理論**（attribution theory）といいます．

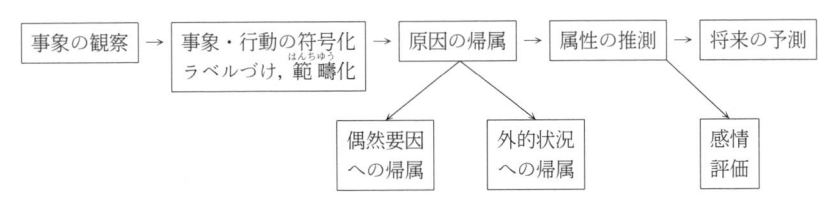

図2　帰属の流れ（外山，1989 より引用[1]）

　帰属理論の代表的なものに，人の属性の帰属過程に関して詳細に検討したジョーンズとデービスの**対応推論理論**[2]，実体の特性の帰属に重点をおいたケリーの**分散分析モデル**[3]，限られた情報から帰属を行うという現実場面をより適切に説明する，同じくケリーの**因果スキーマ**[4]と**割引・割増原理**[5]，達成場面での成功・失敗に関する**ワイナーのモデル**[6][7]などがあります．

　ジョーンズとデービスの対応推論理論　対人認知における帰属過程について理論化したのが，ジョーンズとデービスの「**対応推論理論**」です．この理論では，行為者がどのような人であるかという属性について推測するわけですが，そのまえに行為者の意図を推定しています．つまり，ある行為が，行為者の明確な意図のもとに行われたという推論があってはじめて，そのような意図をもった行為者の属性とはどのようなものかについて推論がなされます（たとえば，人から強制されて行った行為からは，その行為者の属性は推論されにくいでしょう）．

ある行為から対象人物がある独特な属性をもっているという推論の確信度を，この理論では「対応（correspondence）」という概念でとらえています．この理論によると以下の2つ場合，対応が高くなると予測しています．(1) 選ばれた行為には含まれるがそれ以外の選ばれなかった行為には含まれないような効果が少ないとき，(2) その結果が普遍的に望ましいものでないとき（社会的規範に合致している望ましい行為や多くの利益を伴う行為は，誰もがしようとするので，行為者が何か独特な属性をもっていると推論することは困難でしょう）．

(1) について説明を加えましょう．ジョーンズらは，人間の行為をいくつかの選択肢からの選択の結果であると考え，帰属にさいしては，選ばれた行為と選ばれなかった行為とに共通していない効果（**非共通効果**）が少ないほど，推論の確信度は高くなります．

具体的に考えてみましょう．ある魅力的な女子大生Y子が，A司，B郎，C男の3人の男子学生から交際を求められました．3人とも都内在住で，同じ大学の同じ学部に通っています．3人とも背が高く色黒で，スポーツマンタイプのなかなかの男前です．3人のうちA司，B郎は趣味はドライブとスポーツ．一方，C男はボランティアのサークルに入って福祉施設でボランティア活動をしています．結局Y子はC男とつきあいはじめました．Y子を知る友だちは「Y子らしいわ」と言います．Y子はどういう女性なのでしょうか．

ここで，3人の男性に共通していないのは「趣味・サークル活動」だけで，後はみな共通しています．結局，Y子はC男を選んだわけで，その結果に対して「〜らしい」と言われたY子は「車をぶんぶん乗り回すかっこいい男よりも，優しい心のもち主を好むような女性」であるという推測がなされるでしょう．しかし，非共通効果が増え，A司，B郎の家庭は中流で，C男の家庭は金持ちであったりすると対応の度合いが悪くなり，Y子の選択から他者がY子の属性を推測することはより困難となります．

ケリーの分散分析モデルと因果スキーマモデル ケリーは，原因帰属過程について多くの研究を残しています．まず，分散分析モデルを発表しています．このモデルによると，人は，人，実体，状況が変化したときに結果はどうなるかという共変性に関する情報を収集し，そのデータ・パターンに基づいて原因を帰属します．その後，より限られた情報から原因の推測を行うという現実場面における原因帰属のありかたを説明するために，因果スキーマモデルを提唱しました．その両者について順を追って説明します．

分散分析モデル 分散分析モデルは，同様の事態に対する帰属が繰り返し観察することができる場合の帰属のしかたに関する理論です．このような場合は，いくつかの要因のうち，その現象と共変する要因，つまりその現象が生じるときには存在し，生じないときには存在しないような要因に原因が帰属されるとしています（これを**共変原理**といいます）．

たとえば，ある人があるコメディー映画を見て笑ったとしましょう．このとき，なぜその人が笑ったのかについては，(1) その映画がおもしろいから，(2) その人が笑い上戸(じょうご)だから，(3) たまたまその日に機嫌がよくていい気分だったから，などいろいろな可能性が考えられるでしょう．

ケリーの分散分析モデルでは，**一貫性**（時や様態の違いに関わらず反応が一貫しているか），**合意性**（他の人々の反応と一致しているか），**弁別性**（対象となる実体に対して区別して反応が生じているか）の3つの次元で帰属を考えます．たとえば，(1) Aさんはその映画を何度見ても笑っている（一貫性高），(2) その映画は誰が見ても笑っている（合意性高），(3) Aさんは他のコメディー映画を見ても笑わない（弁別性高）ときに，「その映画がおもしろいから」Aさんが笑ったのだと考えられるでしょう．また，(1) Aさんはその映画を何度見ても笑っている（一貫性高），(2) その映画を見て笑う人と笑わない人がいる（合意性低），(3) Aさんはどのコメディー映画を見ても笑っている（弁別性低）ときに，「Aさんは笑い上戸だから」映画を見て笑ったのだと考えられるでしょう．

分散分析モデルは，実体の特性の帰属に重点をおいたもので，人の属性の推論過程に重点をおいた対応推論理論とは異なります．また，対応推論理論が，選択された行動と選択されなかった行動の両方についての十分な情報を必要とするのに対して，分散分析モデルは，選択された行動をもとにして情報探索をすることを前提としています．しかし，現実の場面では，同じような事態を何回も繰り返し観察できることはあまりありません．上記の例でいえば，Aさんが同じ映画を見るという行動を何度も観察することはほとんどないでしょう．実生活では，不完全な情報に基づいて帰属が行われています．そこで不完全な情報に基づく帰属過程について，ケリーは因果スキーマモデルを提唱しています．

因果スキーマモデル **因果スキーマ**とは，どのようなときにどのような結果が生じるか（因果関係）についての体験的知識の集成です．私たちは，経験を通じて因果関係についての知識をもっています．その因果スキーマをもちいて，新たな事態についても因果関係の推測を行います．因果スキーマにはいろいろなものがありますが，ここでは「複数十分原因」「複数必要原因」と「割引原理」「割増原理」について説明しましょう．

「**複数十分原因**」とは，ある現象を生じさせる複数の原因を考えることができて，それらの複数の原因のいずれかひとつでもあればその現象が生じるような場合の，それらの複数の原因のことです[8]．たとえば，学生が勉強するのは，その科目がおもしろいからかもしれませんが，ほかにも，単位を取らなければならないからとか，実際上必要だからとかの理由が考えられます．そして，そのいずれかひとつの原因でも，勉強するという行動が生じます．一方，「**複数必要原因**」とは，ある現象を生じさせる複数の原因がすべてそろわないとその現象が生じない場合の，それらの複数の原因のことです[8]．たとえば，フルマラソンの大会で2時間10分をきる記録を出すためには，恵まれた才能だけでなく，日ごろの努力・鍛錬，精神力，大会当日の体調管理，

監督をはじめ周囲の人からのサポートなどがそろわないと無理でしょう．ケリーは，非日常的な出来事や極端な結果が生じた場合，その原因として複数必要原因を想定することが多いとしています．

　割引原理と割増原理　**割引原理**とは，何らかの効果を生ずることにおけるある原因の役割は，それ以外にもっともらしい原因が存在する場合には割引されるというものです．逆に，**割増原理**とは，抑制的な原因が存在するにもかかわらず何らかの効果が生じた場合，その効果を生じさせた原因の役割がより重要なものと評価されるというものです．これらの原理が重要になるのは，他者の行動から，その人の内的属性を判断するような場合です．一般に，ある結果には外的な要因と内的な要因が考えられます．たとえば，テストの問題が簡単なものであればよい点がとれますし（外的要因），その人がずば抜けてできる人であってもよい点が取れるでしょう（内的要因）．カラオケに行くのも，上司や先輩に強要された場合もあれば（外的要因），歌を歌うのが好きで行く場合もあるでしょう（内的要因）．このとき，外的要因が強い場合には内的要因が関与した程度は弱いと考えられ，結果からその人の内的属性を推測することは難しくなります．一方，外的要因が弱い場合には，内的要因が関与した程度が強いと考えられ，結果から内的属性を推測することは比較的容易でしょう．うえの例でいえば，ある人がテストでよい点をとったときに，受験者の大半が0点となるような難しい問題が出題されたのならば，その人の能力の高さがテストでの成功により重要であったと考えられます（割増原理）．また問題が，ほとんどの人が高得点をとれるようなサービス問題であったならば，その人の内的要因（頭がよい）は割り引かれて考えられるのです（割引原理）．

　成功・失敗に関するワイナーのモデル　ワイナーは，成績の帰属にはふたつの次元があることを指摘しています．それは，図に示されているように，**安定―不安定の次元**と**統制の所在の次元**です．安定―不安定とは，その原因が容易に変動するものかどうかということです．また統制の所在とは，その原因が自分の内にあるものか外にあるものかということです．このように2次元で考えて，彼は能力，努力，課題の難易，運という原因を以下の表のように分類しています．そして，原因や理由が同一次元のものである限り，そこから生じる期待や価値には共通性があるとしました．たとえば，課題の成功の原因を安定的なものに帰属すると，同様の課題を繰り返し行ったときに，同じ結果を得るという期待が高くなります．そして，原因を自分の内部のものに帰属させると，その成果のもつ価値が高くなります．つまり，成功の原因を安定的で内的な原因（例：能力）に帰属すると，期待と価値が最も高くなり，次の機会における動

統制の所在／安定性	安定	不安定
内的	能力	努力
外的	課題の難易	運

図3　成績帰属の次元と考えられる原因

機づけは最高になると考えられます.

なお,ワイナーらはその後,統制可能―統制不能の次元を追加し,内的―外的,安定―不安定,統制可能―統制不能の3次元で分類しました.

(1) 外山みどり　1989　第2章 帰属過程,大坊郁夫・安藤清志・池田謙一(編)社会心理学パースペクティブ1:個人から他者へ.誠信書房,41-60.
(2) Jones, E. E., & Davis, K. E.　1965　From acts to dispisitions: The attribution process in person perception. In L. Berkowitz (Ed.), *Advances in experimental social psychology*, **2**. New York: Academic Press, 219-266.
(3) Kelley, H. H.　1967　Attribution theory in social psychology. In D. Levine (Ed.), *Nebraska symposium on motivation*, **15**. Lincoln, NE: University of Nebraska Press, 192-238.
(4) Kelley, H. H.　1972　Causal schemata and the attribution process. In E. E., Jones, D. E. Kanouse, H. H. Kelley, R. E. Nisbett, S. Valins, & B. Weiner, (Eds.), *Attribution: Perceiving the causes of behavior*. Morristown, NJ: General Learning Press, 151-174.
(5) Kelley, H. H.　1972　Attribution in social interaction. In E. E. Jones, D. E. Kanouse, H. H. Kelley, R. E. Nisbett, S. Valins, & B. Weiner, (Eds.), *Attribution: Perceiving the causes of behavior*. Morristown, NJ: General Learning Press, 1-26.
(6) Weiner, B., Heckhausen, H., Meyer, W., & Cook. R. E.　1972　Causal ascriptions and achievement bahavior: A conceptual analysis of effort and reanalysis of locus of control. *Journal of Personality and Social Psychology*, **21**, 239-248.
(7) Weiner, B.　1979　A theory of motivation for some classroom experiences. *Journal of Educational Psychology*, **71**, 3-25.
(8) 浦光博　1990　第1章 帰属理論.蘭千尋・外山みどり(編),帰属過程の心理学.ナカニシヤ出版,8-37.

その他の参考文献

外山みどり　1980　帰属過程.古畑和孝(編)人間関係の社会心理学.サイエンス社,41-63.

巻末解説4　学習性無力感理論

セリグマンら[1][2]は，電気ショックを用いてイヌに条件づけを行っていたさい，避けることのできない電気ショックを繰り返し受けたイヌは，その後ショックを避けられるような別の学習場面でも回避行動をとらずショックを受け続けたことを見いだし，**学習性無力感**（Learned Helplessness：LH）の概念を提唱しました．

典型的な学習性無力感の実験では，刺激の影響と対処可能性の効果を調べるため，トリアディック・デザイン（triadic design）と呼ばれる計画法が用いられています．この実験計画では，被験体を随伴群，非随伴群（ヨークト yoked 群とも呼ばれます），無処置群の3群に分けます（表1参照）．随伴群ではある反応（例：ボタン押し）によって結果（例：電気ショックの停止）をコントロールできます（行動に結果が伴っている＝随伴している）．これに対し非随伴群では，どのような反応をしても結果はコントロールできません（行動に結果が伴っていない＝随伴していない）．随伴群と非随伴群とで物理的に受ける刺激の量（例：電気ショックの量）を同じにするよう調整するので，両群で異なるのは随伴性の有無だけです．また，無処置群ではこのような先行処置は経験しません．無処置群は，電気ショックなどの刺激の有無がその後の学習にどのような影響を及ぼすかを調べるために設けてあります．

表1　トリアディック・デザイン

実験条件	先行処置	→	別の学習場面
随 伴 群	反応すれば結果をコントロールできる （例：鼻でパネルを押せば電気ショックが止まる）		回避可能な状態で不快刺激を与える 例：仕切りを飛び越えれば，電気ショックから逃れられる
非随伴群	反応しても結果をコントロールできない （例：随伴群のイヌと同じパターンの電気ショックを受ける．電気ショックをどのように受けるかは，随伴群のイヌの行動で決まる）		
無処置群	先行処置なし		

セリグマンとマイヤーの実験[2]では，8匹のイヌを各群の被験体として用いました．随伴群では，イヌは電気ショックから逃れるために鼻でパネルを押すようハンモックのなかで訓練されました．非随伴群のイヌは随伴群のイヌと並べられており，随伴群のイヌと同じ時間，同じパターンの電気ショックを受けました．つまり非随伴群のイヌは，随伴群のイヌが止めるまで電気ショックを受けることになり，直接自分では電気ショックを止めることができません．

この処置をした24時間後，電気ショックの逃避訓練が調べられました．ここですべてのイヌは電気ショックを受けることになりますが，ハンモックでつるされていないので，仕切りを飛び越えさえすれば電気ショックから逃れることができます．随伴群と無処置群のイヌは素早く仕切りを飛び越え，回避行動を学習しました．しかし非随伴群のイヌのうち6匹は全く電気ショックから逃れようとせず，電気ショックを受け続けました．逃避行動の失敗は，先行処置で受けた電気ショック自体によるものではなく（同じ量，パターンの電気ショックを受けた随伴群では回避行動ができまし

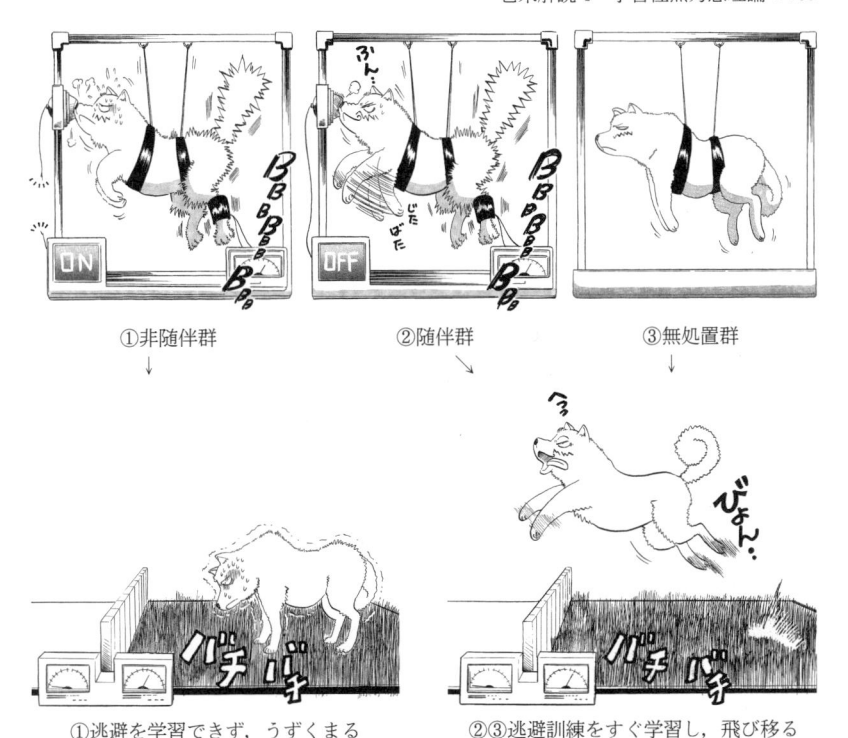

巻末解説 4―学習性無力感理論 ● 165

①非随伴群　　　　　②随伴群　　　　　③無処置群

①逃避を学習できず，うずくまる　　　②③逃避訓練をすぐ学習し，飛び移る

た），電気ショックを自分で止められないことを学習したためだと考えられます．
　その後，ヒトにおいてもLHの現象が実験により生じることが報告されました[3][4]．一連の実験結果からセリグマンは[5]，無気力な状態に陥り自分から何もしなくなるという行動の特徴は，苦痛な刺激そのものによって引き起こされるのではなく，自分の行った反応が苦痛な刺激をコントロールできないことを学習した結果引き起こされると指摘しました．セリグマンは，学習性無力感は人間の反応性うつ病（ネガティブな出来事を経験したなどの精神的原因があり，それに反応して起こる抑うつ状態）の実験室モデルであると考え，**抑うつの学習性無力感理論（LH理論）**を提起しました．
　しかしこの理論に合致しない研究結果も報告されました[6][7]．たとえば，ロスとクーバルは[7]，LH状態にさせる処理として「概念形成課題」（多くの雑多な事物をある特定の規準によって分類させる課題．被験者は，どのような規準が用いられているのか知らず，分類した結果の正誤のフィードバックを参考にし，分類の規準を見いだしてゆく）を用いた場合，非随伴的な経験をした群のほうが後続の場面において課題遂行の成績が良いことを見いだしました（促進効果）．人間のLH実験には，道具的課題（不快な刺激を道具を操作することで止める課題）を用いたものと認知的課題

(問題を解くのに知的能力を使う課題,例えば概念形成課題)を用いたものがあります が,促進効果は主に後者において報告されています.LH理論をそのまま人間の LH現象に当てはめることは難しいでしょう.

(1) Overmier, J. B., & Seligman, M. E. P.　1967　Effects of inescapable shock upon subsequent escape and avoidance learning. *Journal of Comparative and Physiological Psychology*, **63**, 23–33.
(2) Seligman, M. E. P., & Maier, S. F.　1967　Failure to escape traumatic shock. *Journal of Experimental Psychology*, **74**, 1–9.
(3) Hiroto, D. S. 1974　Locus of control and learned helplessness. *Journal of Experimental Psychology*, **102**, 187–193.
(4) Hiroto, D. S., & Seligman, M. E. P.　1975　Generality of learned helplessness in man.　*Journal of Personality and Social Psychology*, **31**, 311–327.
(5) セリグマン,M. E. P., 平井久・木村駿(監訳)　1985　うつ病の行動学:学習性無力感とは何か. 誠信書房.
(6) Roth S., & Bootzin, R. R.　1974　Effects of experimentally induced expectancies of external control: An investigation of learned helplessness. *Journal of Personality and Social Psychology*, **29**, 253–264.
(7) Roth, S., & Kubal, L.　1975　Effects of noncontingent reinforcement on tasks of differing importance: Facilitation and learned helplessness. *Journal of Personality and Social Psychology*, **32**, 680–691.

巻末解説5　自己注目の理論

　他の人に自分がどう思われているか気になることはよくあるでしょう．自分の着てる服が変じゃないかとか，自分のふるまいが場違いじゃないかどうかを考えたり，人から冷たい性格だと思われていないかどうか考えることもあるでしょう．ひとりになったときにふと，自分の内面のことについて考えてしまうこともあるかもしれません．これらは，自分に注意が向いた状態です．社会心理学でも，自己注目や自己意識については多くの研究がなされています．自己への注目について最初に理論化したのは，デューバルとウイックランド[1]の客体的自覚理論です．まずはそれから見てみましょう．

　デューバルとウイックランドの客体的自覚理論　デューバルとウイックランドの理論（図4）によると，人は自己か外部環境かのいずれかに注意を向けています．自己が意識の対象となった状態は**客体的自覚状態**（objective self-awareness）と呼ばれます．逆に，注意が，個人の意識やその人の過去の出来事や身体のそとにある事象に向いた状態は，主観的自覚状態（subjective self-awareness）と呼ばれます．客体的自覚状態を高めるには，世界の中の対象として自分の立場を想起させるような条件を作り出すことが必要です（例：自己の鏡映像を見せる，TVカメラが自分に向けられる，観衆が自分を見ている）．

　客体的自覚状態におかれると，ある自己の側面が顕著になり，その自己の側面に対して，適切さの基準（standard of correctness）が明らかとなります．適切さの基準とは，その状況ではどのようにふるまうべきであるという行動の指針のことです．これはその人の個人的信念，理想，規範などによって決まってきます．例えば，プロ野球の選手がスタジアムで観客の視線にさらされるとどうなるでしょうか．自己に注意が向かい，いいプレーを観客に見せるというその場での自己の適切さの基準が意識されるでしょう．しかし同じ人が，今度は講演会で子どもたちをまえに話すという場面に接したらどうなるでしょうか．そこではきっと，子供たちにわかるような，ウケるような，そしてためになる話をするということが適切さの基準となるでしょう．また，適切さの基準のどの次元が顕現化するかは，状況のコンテクストのほかに，他者との以前の経験やその個人にとっての，その次元の重要性などによって決まります．野球選手でもウケを第一と考える人ならば，いいプレーよりもユーモラスなアクションをすることが適切さの基準になるかもしれません．

　適切さの基準が明らかとなると，その適切さの基準にしたがって自己評価するようになります．通常の場合は，現実の自己がこの適切さの基準に達していないので（基準と現実の不一致），自己への批判が生じ，緊張と不快の状態が生み出され，不快感情を経験します（仮に現実の自己が適切さの基準を上回っていたとしても，人は適切さの基準を上げるため，結果的に現実の自己が適切さの基準に達しないことになり，ネガティブな自己評価が生じると仮定されています）．その結果，不一致を低減させようとする動機づけが働き，現在の状況を基準に合わせることで，不快感を低減しよ

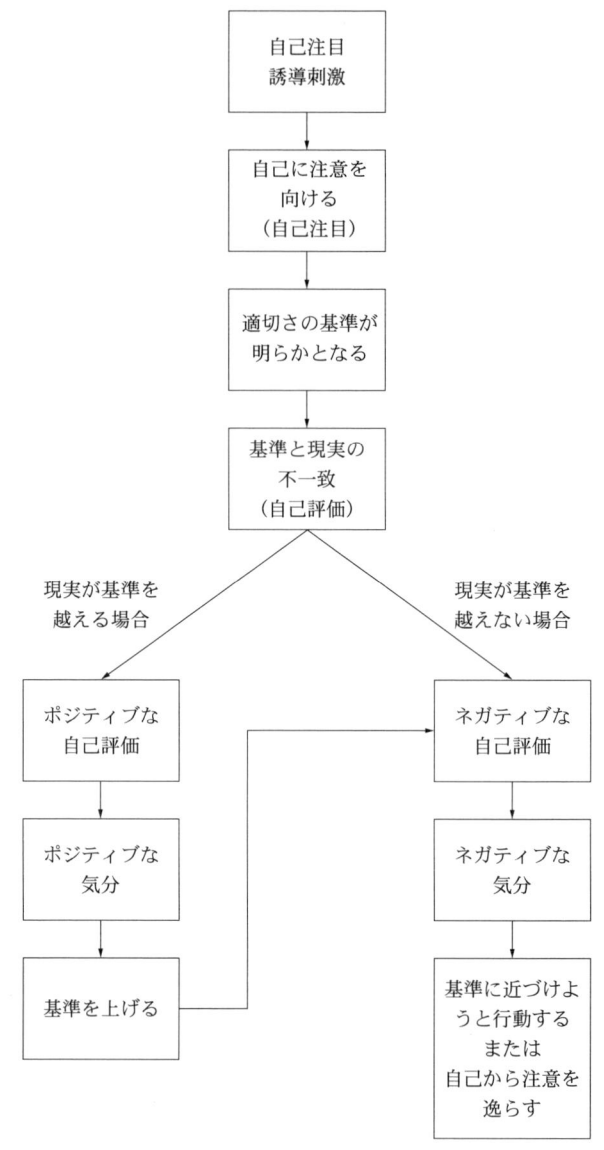

図4 デュバルとウイックランドのモデルの概略図

うとします．また，不快感は自己への注意を回避することで解消できます．なお，ウイックランドによると基準と現実との不一致によって生じた不快な自覚状態に対する最初の反応は，自己注目させる刺激を避けることです(2)．これは，たとえ一時的なものであっても，自己に注意を向けさせる刺激を避けることで，ネガティブな感情をすみやかに解消させることができるからです．

　今度はピアノの発表会で壇上に上がった人の例を考えてみましょう．壇上の発表者は観客の視線を感じ，自覚状態が高まります（見られているな，と意識する）．その状況では，「ピアノをうまく演奏すること」が適切さの基準となります．その人が本職である教師として教壇に上がり，生徒から見られていると感じた場合，その場でのその人にとっての適切さの基準は「正しい知識をわかりやすく生徒に教えること」になるでしょう．教師でも，学生と楽しく接することが第一だと考えている人は，教壇上で意識される適切さの基準は「楽しくクラスを運営すること」となるかもしれません．このように，意識される適切さの基準は，状況のコンテクストやその人にとっての重要さによって異なってきます．いずれにせよ，自覚状態が高まり適切さの基準が意識されると，現実の自己との間にずれを感じ（例：うまく演奏できてない），不快な気分を経験します．そして，自覚状態を低減することで不快気分は解消しますが（例：演奏を終えてその場を離れる），行動を適切さの基準に近づけること（例：うまく演奏できるようになる）でも解消します．

　カーバーとシャイアーの制御理論　カーバーとシャイアーの理論（図5）では(3)，サイバネティクスや情報処理理論の考えかたを，デューバルとウイックランドの自覚理論に組み入れ，自己注目理論を認知論的な方向に展開しました．

　カーバーとシャイアーの制御理論によると，注意は自己または環境のいずれかに向いています．自己に注意が向き，自覚状態が高まった場合，行動の適切さの基準が明らかになるときとならないときがあります．適切さの基準が明らかになった場合に，その基準と現在の状態とを比較し，現在の状態が基準を上回っていれば自己調整の過程が終了し，自覚状態から脱します．一方，基準に達しない場合，基準に近づくような行動を起こします．このような行動により現在の状態が基準に達した場合，自己調整の過程は終了しますが，基準に達しない場合は，自己の行動を基準に一致させることができる可能性を推測します．この可能性が高いと判断すれば再び基準に一致するような行動がとられるが，可能性が低いと判断すれば，そうした試みは放棄され，ネガティブな感情を経験し自覚状態を回避する行動がとられます．

　また，カーバーとシャイアーの理論でも自己を公的自己の側面と私的自己の側面とに分けています．**公的自己**とは自己の容姿や振る舞いなど他者から観察されうる側面，一方**私的自己**とは感情，動機，思考，態度など他者が直接観察できない，その人のみが体験しうる側面のことをいいます．このように自己を公的側面と私的側面に分ける必要があるかどうかについては意見が分かれており，ウイックランドらとカーバー，シャイアーらとのあいだで論争がありました(4)(5)(6)(7)．不安や抑うつを「自己注目」から説明する理論では，公的自己と私的自己を分けています．不安は公的自己注目と，

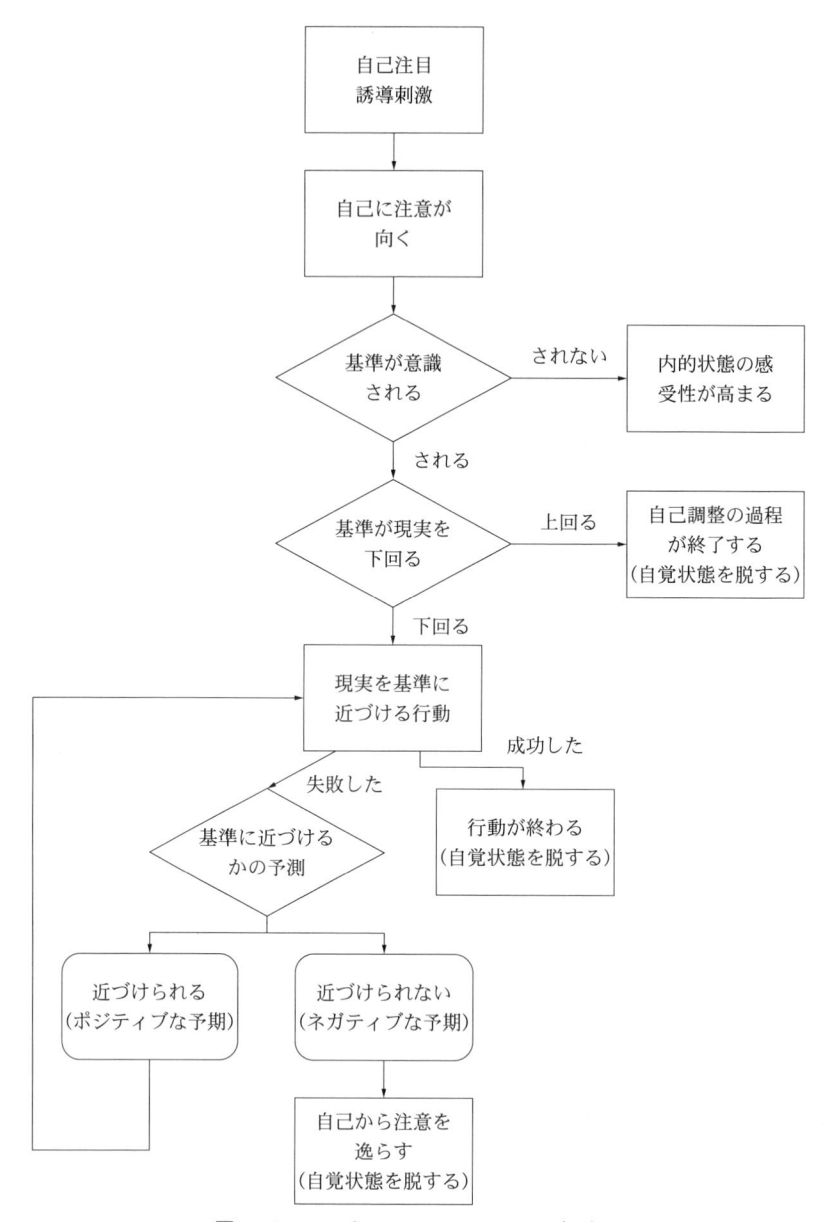

図5 カーバーとシャイアーのモデルの概略図

抑うつは私的自己注目との関連が考えられており，抑うつや不安以外にもこころの問題への適用を考えるにあたってはふたつの自己の側面を分けて考えたほうがよいと考えられます．

なお，自己への注意を向けることは，「**特性（自己に注意を向けやすい性格特性）**」と「**状態（自己に注意を向けている状態）**」の2方向で概念化できます．特性について述べたいときには「**自己意識特性（self-consciousness）**」という用語を，状態について述べたいときには「**自覚状態（self-awareness）**」という用語を用いることもあります．また，自己意識特性と自覚状態の両方を意味する言葉として，**自己注目**（self-focus）や**自己注意**（self-attention）といった用語も使われています．

自己意識については，バスも独自の理論を展開していますので，つぎにこれについてみていきましょう．

バスの自己意識理論 バス(8)も，注意を向けられる自己を私的自己と公的自己（自己の容姿・容貌・服装や振る舞い）に分けています．私的自己の側面として，身体的事象（例えば空腹感，満腹感，筋肉痛，かゆみなど），気分や感情，動機，自己内省などをあげています．自己内省の中には，自己概念や自己に対する評価だけでなく，自己についてのイメージ，空想，白日夢なども含まれます（表2）．

表2 私的自己の領域（Buss, 1980）

カテゴリー	中性的なもの	感情的に負荷されたもの
焦点化された刺激	ちょっとしたかゆみ	筋肉痛
拡散した内的状態	落ち着き	高揚，怒り，性的興奮
動機	…………	達成動機，チームへの自我関与
自己内省	自己の特性や生い立ちの内省	自己評価，ロマンティックな白日夢

人はどのようなものによって，私的自己や公的自己の側面に注意を向けるようになるのでしょうか．バスは，私的自己に注意を向けさせるもの（誘導因）と公的自己に注意を向けさせるものについても区別しています．

まず，自発的に私的自己に注意を向けることが考えられます．たとえば，ひとりでいるとき，あるいは退屈な講義を聞いているときでも，自分自身について考えたり白日夢にふけったり，悲しいとか楽しいとかいう自分の感情や何かをしたいといった動機に注意が向いたりするでしょう．さらには自分は何なのかという自己のアイデンティティについて考えることもあるでしょう．また，日記を書くことや瞑想することも私的自己に注意を向けるきっかけとなります．その他，上半身が映る程度の大きさの鏡に映った自己の姿を見ることは，私的自己への注目を導入するといわれています．性格を考えると，私的自己意識の高い人は私的自己に注意を向けやすいといえます．

一方，公的自己に注意を向けさせるものとして，まずほかの人（家族や近親者ではなく知らない人やただの知人）に観察されることが考えられます．たとえば，大勢の人の視線にさらされるような場面では公的自己が意識されやすいといえます．また，それとは逆に，人から注目されるはずの場面で注意を向けられない場合（無視された

場合）にも，公的自己が意識されます．世のなかには「目立ちたがり屋」と呼ばれる人たち（つまり自己顕示的な人）もいて，この人たちは，人から見られることを不安に感じるどころか，かえって快楽に感じたりします．反対に，シャイな人たちは比較的少人数の人に見られる場合でも，他者から見られることに不快を感じます．ですから図6に示したように，他者からの注意と感情との関係は，注目を受ける人の特性（シャイか自己顕示的な人か）によっても変わってきます．

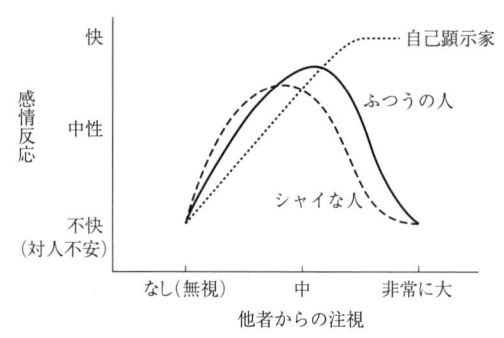

図6　社会的注目の仮説的次元（Buss, 1980）

公的自己に注意を向けさせるものとしては，テープレコーダーやカメラ，ビデオカメラなどの録音・録画装置が考えられます．人はカメラを向けられると，自分の身だしなみを整えたり表情を作ったりし，公的自己に注意を向けます．録音したあなたの声や録画したあなたの姿は，ほかの人に見られることになります．マイクやカメラなどが観衆に変わって自分を見るものだと意識されるため，自己の公的側面に注意が向くのでしょう．

　もうひとつ，自分自身の姿や声に接することでも公的自己への注目が高まります．テープレコーダーから聞こえてくる自分の声は，ふだん自分が聞いている自分の声と異なっています．ビデオはあなたの表情や動きまで再現します．これらの自己のフィードバック刺激は公的自己を意識させます．三面鏡や大きな姿見も，普通はあまり見たことのない自己の姿をフィードバックするものであり，公的自己への注目を高めると考えられます．

　バスによると，小さな鏡を見ることは私的自己への注目を，三面鏡や大きな鏡を見ることは公的自己への注目を高めるとしています．一見すると，小さな鏡も自己の外面（すなわち公的側面）への注目を高めるように思えます．しかし実際には私的自己への注目を高めることがわかっており，欧米の研究においては，実験で私的自己への注目を高める操作として用いられています．小さな鏡が公的自己ではなく私的自己への注目を高めることについてバスは以下のように考察しています．はじめのころは鏡を見ることで公的自己意識が高まりますが，そのうち人は鏡に映る自分の顔に慣れてしまいます．したがって鏡に映る自分の顔を見ても公的自己意識が高まることはなく，かわりに自己の私的側面へ注意を向けるのです．

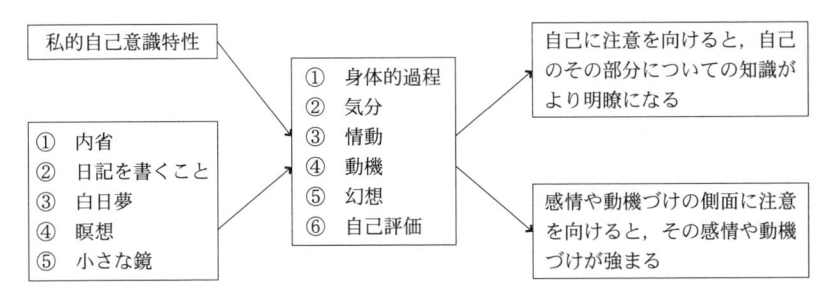

巻末解説 5―自己注目の理論 ● 173

```
     原　因　　　　　　注意の焦点　　　　　　推測される過程

 ┌─────────────┐                         ┌──────────────┐
 │ 私的自己意識特性 │──┐                  │ 自己に注意を向けると，自己 │
 └─────────────┘  │  ┌──────────┐   ┌→│ のその部分についての知識が │
                   │  │ ① 身体的過程 │   │  │ より明瞭になる       │
 ┌─────────────┐  │  │ ② 気分    │   │  └──────────────┘
 │ ① 内省        │  │  │ ③ 情動    │───┤
 │ ② 日記を書くこと │──┤→│ ④ 動機    │   │  ┌──────────────┐
 │ ③ 白日夢      │  │  │ ⑤ 幻想    │   │  │ 感情や動機づけの側面に注意 │
 │ ④ 瞑想        │  │  │ ⑥ 自己評価  │   └→│ を向けると，その感情や動機 │
 │ ⑤ 小さな鏡    │  │  └──────────┘      │ づけが強まる        │
 └─────────────┘                         └──────────────┘
```

図7　私的な側面に関する理論の要約（Buss, 1980）

　バスによれば，自己に注目した結果，私的自己に注目すると現在感じている感情や動機づけが強まったり，自己に関する知識が明確になったりします（図7）．まず私的自己（身体的刺激，気分，動機や自己評価など）に注意を向けると，それにまつわる感情が強まります．これはその感情が，ポジティブなものであっても，ネガティブなものであっても同じ効果を持ちます．つまり，ポジティブな感情はよりポジティブに，ネガティブな感情はよりネガティブになります（ニュートラルな感情は強まりません）．感情が強まるので感情と結びついた行動が強まったり，動機づけが高まったりします．たとえば，怒っている人の私的自己注目を高めると攻撃的行動が強まったり，競争場面で私的自己への注意を高めると，達成動機づけが高まり遂行量が高まります．

　また，私的自覚状態を高めると，すべての私的自己に関する知識が明確になります．しっかりと注意を向ければより正確に知覚できるからです．上記のように感情が明確になるだけでなく，感情的にニュートラルなもの（例えば，のどの渇き）も明確に知覚されます．子どものころの思い出，あなた自身のパーソナリティ，態度などもよりはっきりと認識されるのです．

　バスによれば，公的自覚状態が高まった後どのようなことが起こるかは，どのような誘導因によって公的自己への注目が高まったかによって異なります（図8）．観衆に見られたり（あるいは無視されたり），カメラやTVカメラなどを向けられた場合，つまり「観察された」場合は，不快な気分が生じたり，自分の外見に対して不安が生じたりします．例えば，カメラを向けられると自分の服装をチェックしたりするでしょう．また多くの人に見られていると，自分がやろうとすることがうまくできているか気になるでしょう．この不快感は，カメラやテープレコーダーなどの機械を向けられた場合の方が，観衆の視線が向いている場合よりも弱いと考えられます．人に見られている場合は，不快感も強くなりがちで，対人的な不安を引き起こし，社会的な行動がとれなくなったりすることがあります．

　一方，三面鏡や写真，ビデオ録画やテープレコーダーの録音などで，自己の姿や声をフィードバックされた場合は，観察できる自己の特定の側面に注意が向くようにな

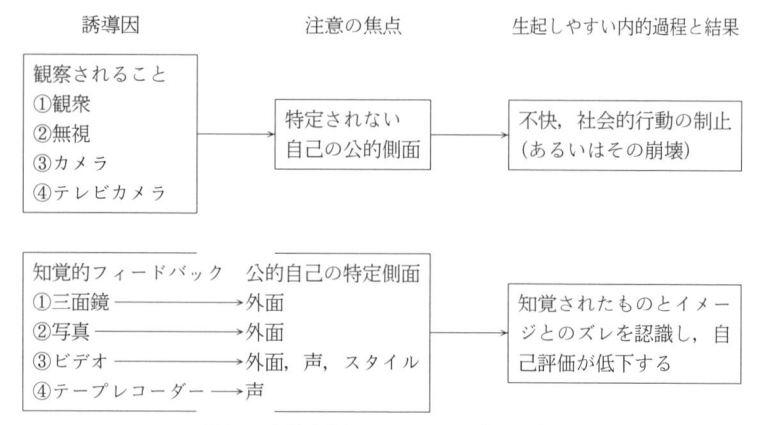

```
誘導因              注意の焦点         生起しやすい内的過程と結果

観察されること
①観衆             特定されない        不快，社会的行動の制止
②無視          →  自己の公的側面   →  （あるいはその崩壊）
③カメラ
④テレビカメラ

知覚的フィードバック  公的自己の特定側面
①三面鏡       ──→ 外面               知覚されたものとイメー
②写真         ──→ 外面           →  ジとのズレを認識し，自
③ビデオ       ──→ 外面，声，スタイル   己評価が低下する
④テープレコーダー ─→ 声
```

図8　公的な側面に関する理論の要約

ります．例えば，三面鏡や写真は外面に，ビデオは外面だけでなく声やふるまいにも注意を向けさせます．たいていの場合は，フィードバックされた自己の姿は理想としていたイメージには及ばず，理想との間にネガティブなズレを経験します．そのため自己評価が低下し，不快感も生じます．しかし，このフィードバック刺激にさらされ続けていると，やがてそれに慣れ自己評価も回復します．

(1) Duval, S., & Wicklund, R. A. 1972 *A theory of self-awareness.* New York: Academic Press.

(2) Wicklund, R. A. 1975 Discrepancy reduction or attempted distraction? A reply to Liebling, Seiler and Shaver. *Journal of Experimental Social Psychology*, **11**, 78-81.

(3) Carver, C. S., & Scheier, M. F. 1981 *Attention and self-regulation: A control theory approach to human behavior.* New York: Springer-Verlag.

(4) Carver, C. S., & Scheier, M. F. 1987 The blind man and the elephant: Selective examination of the public-private literature gives rise to a faulty perception. *Journal of Personality*, **55**, 525-541.

(5) Fenigstein, A. 1987 On the nature of public and private self-consciousness. *Journal of Personality*, **55**, 544-554.

(6) Gollwitzer, P. M., & Wicklund, R. A. 1987 Fusing apples and oranges: A rejoinder to Carver & Scheier and to Fenigstein. *Journal of Personality*, **55**, 555-561.

(7) Wicklund, R. A., & Gollwitzer, P. M. 1987 The fallacy of the private-public self-focus discussion. *Journal of Personality*, **55**, 491-523.

(8) Buss, A. H. 1980 *Self-consciousness and social anxiety.* San Fransisco: Free-

man.

その他の参考文献

押見輝男　1990　「自己の姿への注目」の段階．中村陽吉（編），「自己過程」の社会心理学．東京大学出版会，21-65.

押見輝男　1992　自分を見つめる自分：自己フォーカスの社会心理学（安藤清志・松井豊（編）セレクション社会心理学2）．サイエンス社．

巻末解説6　自己呈示 （self-presentation）

　毎日の生活のなかで，他者に良い印象をもたれたいと思うことはよくありますね．有能な人と見られたい，カワイイ人だと思われたいとか．反対に，他者にネガティブな印象をもたれたいという場面もあるでしょう．怖い人だという印象を与える必要がある場合もあるでしょうし，かわいそうな人だと思われて同情されたいというときもあるでしょう．このように人は，自分についてのある印象を与えるための行動をとります．これについては，社会心理学では「**自己呈示**」というテーマで研究されています．

　ジョーンズとピットマン[1]によれば自己呈示とは「他者との関係のなかで，自己の勢力の増大をさせようとする動機に基づき，自己の特性に関する他者の帰属を誘発あるいは形成する目的のために行われる行動の側面」と定義されます．つまり自己呈示とは，自分がこう思ってもらいたい自己のイメージを他者に抱かせるための試みといえます．自己呈示は**印象操作**と呼ばれることもあります．

　たとえば，テストでいい点が取れそうにないと思った場合，テストまえに「昨日はほとんど勉強しないで寝てしまった」とわざと人に言ってみる，人まえでわざと悪そうな格好をしてみる，これ見よがしに人まえで英語を話してみるなども自己呈示行動といえます．最初の例は，テストで悪い点を取ったら，自分がバカなためにそうなったのだとまわりの人が思うとその人が感じたためにとった行動（セルフ・ハンディキャッピング行動といわれます），つぎの例は自分は怖い人物であることを印象づけたいための行動，最後の例は自分が有能であることを印象づけたいための行動といえます．

　これらの自己呈示は，特定の対人場面において一時的に自己のイメージを操作したいという動機に基づくもので，**戦術的自己呈示**と呼ばれます．また，最初の例と残りのふたつの例も多少性質が違います．最初の例は他者が自分に対しネガティブな印象をもつ可能性があるときに，それを少しでもポジティブなものに変えようとする試みであり，**防衛的自己呈示**と呼ばれます．それに対し残りの例は，他者の行動に対する反応ではなく，特定の印象を観衆に与えることを目的にして積極的に行ったものであり，**主張的自己呈示**と呼ばれます．

　自己呈示には，一時的に行われるもの以外にも，多くの場面において戦術を組み合わせ，長期にわたって特定の印象を他者に与えようとするもの（**戦略的自己呈示**）があります．テデスキとノーマンは[2]，さまざまな自己呈示を防衛的―主張的と短期的戦術―長期的戦略という2次元で整理しています（図9）．

　対人不安の自己呈示理論については第2章で述べましたが（65ページ参照），図にあるようにその他の精神疾患についても自己呈示の点から説明されています（詳しくは文献（4）をご参照下さい）．

(1) Jones, E. E., & Pittman, T. S. 1982 Toward a general theory of strategic

	短期的戦術	長期的戦略
防衛的	弁解 正当化 セルフ・ハンディキャッピング 謝罪 社会志向的行動	アルコール依存 薬物乱用 恐怖症 心気症 精神病 学習性無力感
主張的	取り入り 威嚇 自己宣伝 示範 哀願 称賛付与 価値高揚	魅力 尊敬 威信 地位 信憑性 信頼性

図9 自己呈示行動の分類 (安藤, 1990)(3)

self-presentation. In J. Suls (Ed.), *Psychological perspectives on the self*, **1**, Hillsdale, NJ: Lawrence Erlbaum.
(2) Tedeschi, J. T., & Norman, N. 1985 Social power, self-presentation, and the self. In B. R. Schlenker, (ed.), *The self and social life*, New York: McGraw Hill.
(3) 安藤清志 1994 見せる自分／見せない自分：自己呈示の社会心理学 (安藤清志・松井豊 (編) セレクション社会心理学1). サイエンス社.
(4) リアリー, M. R. & ミラー R. S., 安藤清志・渡辺浪二・大坊郁夫 (訳) 1989 不適応と臨床の社会心理学. 誠信書房.

巻末解説 7 「精神分裂病」から「統合失調症」へ

みなさんは「精神分裂病」という病名を聞くと，その実体については詳しく知らないのに，「何か恐ろしい病気だ」と感じたことはないでしょうか．「精神分裂病」という名称は，この疾患に対する偏見と誤解を人々に与えるため，2002年に「統合失調症」という名称に変わりました．ここでは「精神分裂病」という名称の有無によって，症状の認知がいかに変わってくるのかについて，見ていきましょう．

日本では一般に病名には漢字が用いられることが多いですが，漢字は表音文字であると同時に表意文字であるために，熟語の意味内容が不明なときでも，私たちは使われた漢字からその意味内容を推測してしまいます．

たとえば，複雑骨折という状態はどのような状態かを質問されたときの日本人の類推過程を考えましょう．多くの日本人は，「複雑骨折」という用語を，「複雑な骨折」つまり「複雑な骨の折れかたをした状態」と解釈するでしょう．さらに「複雑な」という言葉から「入り組んでいる，込み入っている」ことを想像し，結局「複雑骨折とは，骨が砕けたような骨の折れかた」と考えてしまいます．しかし複雑骨折とは，実際は「皮膚，軟部組織の損傷により，骨折部と外界とが交通している骨折」であるので，先述の「複雑骨折」という漢字からの推測とはかけ離れています．このように，意味が分からないとき，私たちは自然と漢字からその意味を類推してしまうのです．

「精神分裂病」についても同じことがいえます．この疾患の症状についてよく知らない人たちは，「『精神分裂病』とはきっと『精神や考えがばらばらになってしまう病気』なのだろう」あるいは「二重人格のこと」と考えてしまうのです．「精神分裂病」という病名自体が，この疾患に対する誤った，ネガティブなイメージを生じさせてしまうのです．

坂本らは，「精神分裂病」という病名の有無によって，人びとがある架空の症例に対し抱くイメージが異なるかどうかを調べました[1]．具体的には，被験者を3つのグループ（①，②，③）に分け，ある症例を記載した短い文章を読んでもらいました．

グループ①は以下の記述を読んだ後，Aさんのイメージを聞いた質問紙に回答してもらいます．「Aさんは，あるとき，友人に自分の考えが伝わってしまうように感じました．それは友人が推測したと直感をはたらかせているのではなく，いま，Aさんが考えている考えそのものが伝わっているようなのです．直接話したり会ったりしていないときにそういうことが起こります．このような状態は1カ月以上続いています」．グループ②は，上の記載の後に「Aさんは病院で診察を受けました」という一文がプラスされた文章を読みました．グループ③は，グループ①の記載の後に「診察を受けた結果，Aさんは『精神分裂病』と診断されました」という一文がプラスされた文章を読みました．

つまり，Aさんの症状自体は3つのグループで同じです．違いは，グループ②では「診察を受けた」という情報が，グループ③では「精神分裂病と診断された」という情報が加わっているだけです．

(%)
100

| | グループ① | グループ② | グループ③ |

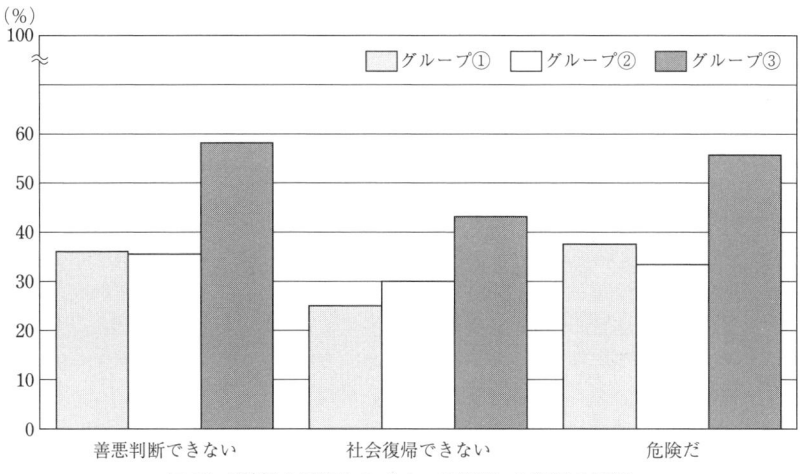

図10 「精神分裂病」のイメージを聞いた項目の回答

　この後，3つのグループとも，Aさんに対するイメージを聞いた質問（たとえば，「善悪の判断ができるかどうか」「何をするかわからず，恐ろしい人かどうか」など）に回答しました．

　その結果，「精神分裂病」という病名がついただけで，イメージが急に悪くなることがわかりました．たとえば，「善悪の判断ができない」と回答した被験者の割合は，グループ①や②では40%に満ちませんでしたが，「精神分裂病と診断されました」という記述が付いたグループ③では，「善悪の判断ができない」と回答した被験者の割合は60%に増加しました（図10）．

　その他にもうつ病や摂食障害などの人の症例を取り上げ，「病院に行った」や「○○病と診断された」という記載が加わることによってイメージが変わるかどうかを調べましたが，3つのグループで大きな違いは見られませんでした．

　また，いくつかの病名について，その見聞頻度とイメージの良し悪しについて調べたところ，「精神分裂病」は，見聞頻度は「うつ病」の次に高く，イメージは調査した精神疾患名のなかでもっとも悪いことがわかりました．つまり，「精神分裂病」は，「一般に良く知られたかなりイメージの悪い疾患名」と言うことができるでしょう．「精神分裂病」という名称が極めてネガティブなイメージをもたれているために，「精神分裂病」という病名が付されただけで症例の記載に対するイメージが悪くなるといえるでしょう．

　「精神分裂病」という名称自体が，精神疾患の専門知識を持っていない一般の人に誤解を与え，偏見を助長してきたのです．

(1) 坂本真士　1999　精神疾患患者へのステレオタイプと身体疾患患者へのステレオタイプ．現代のエスプリ，**384**，至文堂，162-171．

巻末解説 8　心理療法とカウンセリングのさまざま

心理療法やカウンセリングの考え方や技法にはさまざまのものがあります．ここでは，代表的な4つの考え方を紹介しましょう．

フロイトと精神分析療法　心理療法というものを最初に本格的に考え出したのはフロイトです．フロイトによると，こころの不適応は，抑圧された無意識の欲望のあらわれであるとされます．フロイトは，ひとの心をエス・自我・超自我の3つの領域に分けました．「エス」とは，無意識の世界のことで，露骨な性的欲求，自分や物を破壊したい欲求など，本能的な欲求のるつぼです．フロイトは，こうした本能的欲求をリビドーと名づけ，人間の基本的原動力であると考えました．エスは，外界の現実を考えず，道徳的規範を無視し，盲目的にただひたすら快感を求めようとします（快感原則）．「自我」というのは，おもに意識できる自分のことをさします．自我は，外界を知覚し，適当な時まで欲求満足を延期するなど，エスの欲求を効率よく満たそうとします（現実原則）．「超自我」というのは，両親からの要求や禁止が内面化された道徳的規範や良心のことです．本能的欲求は，満足を求め，無意識から自我にのぼろうとしますが，超自我がその欲求を検閲します．超自我が認めた欲求は自我にうけいれられますが，認められない欲求は意識下に閉め出されます．これを「抑圧」といいます．

フロイトは，神経症の症状は抑圧された無意識の欲望のあらわれであると考えます．このような抑圧をとりさる手段として体系化した方法が精神分析療法です．フロイトははじめ催眠法を使っていましたが，後に「自由連想法」を用いるようになりました．これは思いついたことを何の制限もなく自由に話してもらうものであり，抑圧を弱めるための手段とされています．精神分析療法にはいろいろな技法がありますが，そのひとつに「転移分析」があります．治療中に，愛情や憎しみなど，クライエントは治療者に対していろいろな個人的感情を向けてきます．こうした感情は転移感情と呼ばれます．はじめフロイトは，治療を妨げるものとしてこれを避けていたのですが，しだいにあることに気づきます．それは，転移感情が，クライエントの父や母に対する未解決のまま持ち越された感情や願望を表しているということです．そこで，転移感情を分析すると，クライエントの幼児期の親子関係を明らかにする手がかりが得られるわけです．このようにして，クライエント自身が不合理な抑圧を意識化（洞察）し，それらを取り去るのが精神分析療法なのです．

行動療法　学習理論では，神経症の症状を，誤って学習された行動であると考えます．その基礎にあるのは学習の理論です．この説を裏づけるワトソンの古典的な実験があります．生後11カ月のアルバート坊やは，はじめ白ネズミやウサギをこわがっていませんでした．ワトソンは，アルバートに，白ネズミを見せながら，後ろで大きな音を出し，アルバートをびっくりさせました．これを何回か繰り返すと，アルバートは，白ネズミを見るだけで泣き出すようになったといいます．つまり，学習（この場合は古典的条件づけ）によって，白ネズミは恐怖をひきおこす条件刺激に変わったわけです．このことは，恐怖という神経症の症状が，学習された結果であることを示

しています.

神経症が学習されたものであるならば,逆に,神経症を消すこともできるはずです.ジョーンズという心理学者は,2歳の少年ピーターの事例を報告しています.ピーターは,原因はわかりませんが,白ネズミやウサギなどに対して恐怖症を持っていました.これはちょうどアルバート坊やと似たような症状です.ジョーンズは次のような手続きによって,ピーターの恐怖を消去していったのです.最初,ピーターにお菓子を食べさせたり抱いたりしながら,4メートル先にウサギを見せました.それが平気になったら,ウサギを1メートルずつ近づけました.また,ほかの子供が平気でウサギと遊んでいるところを,ピーターに見せました.ピーターがウサギに近づくと,実験者はほめます.この結果,ピーターはしだいにウサギに近づけるようになり,ついには手で触れて遊べるようになったということです.すなわち,ウサギに対する恐怖症状は消すことができたのです.

このように,適応的な行動を学習することによって,神経症の症状を消去していこうとするのが,行動療法の基本的な考えかたです.その技法としては,古典的条件づけを利用した積極的条件づけ法,オペラント条件づけを利用したバイオフィードバック療法,社会的学習理論を利用したモデリング療法など,いろいろの技法があります.

ベックと認知療法 ベックが考え出した認知療法の理論は,本書でいろいろなところに顔を出しています(25ページ,125ページなど).ベックによると,抑うつの背後には,独特の「認知の歪み」があります.これについて,若い女性のゲイルさんを例にとって説明しましょう.ゲイルさんは,対人関係に悩み,自分に自信がなく,友人に批判されはしまいかと絶えずおびえていました.彼女は,パーティの後で,ちゃんと部屋を片づけてはどうかと友人に批評され,その時「私は友人から嫌われている,私には本当の友達がひとりもいない」という考えが浮かび,落ち込んでしまいました.これは抑うつ的な認知過程の典型です.ここには,ものごとを白か黒のどちらかで考え,少しでもミスがあれば完全な失敗と考える傾向が強くあらわれています.ベックは,抑うつ的になりやすい人が持っている推論の誤りを,いくつか列挙しています.これについては,本書の29ページで説明しました.恣意的推論,選択的注目,過度の一般化といったものがあげられています.

認知療法にはいろいろな技法がありますが,ここでは最も基本的な「非機能的思考記録」について説明します.表10は,ゲイルさんの非機能的思考記録です.
1. 抑うつ感情を持った状況を考え,「出来事」の欄に書き出します.ゲイルさんの場

表10 非機能的思考記録(ゲイルさんの事例)

1 出来事	2 自動思考	3 推論の誤り	4 合理的な思考
友人に批評された	友人はたぶん私を嫌っている	過度の一般化	批判されたのは私のやったことへの嫌悪であって,私という人間への嫌悪ではない

合は，友人からちゃんと部屋を片づけてはどうかと言われたことがきっかけになっています．
2. 否定的な気持ちを生んだ思考を思いだし，「自動思考」の欄に書きます．ゲイルさんはその時「私は友人から嫌われている」という考えが浮かびました．
3. その思考過程が「推論の誤り」(29ページ参照) のどの形式に当てはまるのかを考えて記入します．ゲイルさんの場合は，「過度の一般化」にあたります．
4. 最後に，どのように考えれば落ち込まないですんだか，合理的で自己擁護的な認知を考えて，「合理的な思考」の欄に書きます．ゲイルさんは，表10に示すように，「批判されたのは私のやったことへの嫌悪であって，私という人間への嫌悪ではない」という考え方をあげることができました．

ゲイルさんは，毎日の練習のおかげで，少しずつ気分がよくなりはじめ，対人関係も改善したといいます．

ロジャースと来談者中心療法　心理療法にはさまざまな立場や技法がありますが，理論や立場は異なっても，治療が成功する場合，そこには共通した特徴がみられます．共通した特徴とは，①治療者とクライエントの間に感情移入が成立している，②治療者とクライエントの間にラポート（相互に信頼する関係）があり，人間関係がよい，③クライエントが積極的役割を演じている，④治療者はクライエントの感情を理解しようと努力している，といった点です．熟練した臨床家になると，理論的な立場の差はあまりなくなるともいわれています．このようなことから，ロジャースは来談者中心療法を導きました．ここではカウンセラーの人間関係の質を何より重視します．ロジャースは，カウンセリングが成功するためには，以下の3つの条件が必要であるといいます．

第1はカウンセラー自身がクライエントに対する感情に正直なことです．第2はクライエントに対して，カウンセラーが無条件の肯定的な配慮を体験することです．無条件の肯定的配慮とは，クライエントのありのままを受容することです．「あなたはこういう点では良いが，こういう点では悪い」といった，条件つきの評価的態度は，むしろ有害だとされます．第3はクライエントに対して，カウンセラーが共感的理解を体験することです．共感的理解とは，相手の立場にたって考え，相手の身になって感じることです．単なる同情とか，自分の気持ちを相手に投影することとは違うのです．つまり自分の側のものの見方・感じ方をとおして相手をみるのではなく，相手のものの見方・感じ方をとおして，相手を理解しようと努めることです．以上のような人間的関係の中で，クライエントには建設的な人格変化が生じます．

引用文献

第1章 抑うつ
(1) Zung, W. W. K. 1965 A self-rating depression scale. *Archives of General Psychiatry*, **12**, 63-70.
(2) 福田一彦・小林重彦 1973 自己評価式抑うつ性尺度の研究. 精神神経学雑誌, **75**, 673-679.
(3) 大谷純・中野弘一 1990 抑うつ評定法. 河野友信・末松弘行・新里里春 (編), 心身医学のための心理テスト. 朝倉書店. 36-39.
(4) アメリカ精神医学会, 高橋三郎・大野裕・染矢俊幸 (訳) 1996 DSM-IV:精神疾患の診断・統計マニュアル. 医学書院.
(5) Kessler, R. C., McGonagle, K. A., Swartz, M., Blazer, D. G., & Nelson, C. B. 1994 Sex and depression in the National Comorbidity Survey I: Lifetime prevalence, chronicity and recurrence. *Journal of Affective Disorders*, **29**, 85-96.
(6) Weissman, M. M., Leaf, P. J., Tischler, G. L., Blazer, D. G., Karno, M., Bruce, M. L., & Florio, L. P. 1988 Affective disorders in five United States communities. *Psychological Medicine*, **18**, 141-153.
(7) Weissman, M. M., & Myers, J. F. 1978 Affective disorders in a US urban community. *Archives of General Psychiatry*, **35**, 1304-1311.
(8) 藤原茂樹 1995 一般人口におけるうつ病の頻度および発症要因に関する疫学的研究. 慶應医学, **72**, 511-528.
(9) 友田貴子・岩田昇・北村俊則 1996 精神的健康に及ぼすスポーツ活動の効果. 体力研究, **91**, 133-141.
(10) Abramson, L. Y., Seligman, M. E, P., & Teasdale, D. 1978 Learned helplessness in humans: Critique and reformulation. *Journal of Abnormal Psychology*, **87**, 49-74.
(11) Abramson, L. Y., Alloy, L. B., & Metalsky, G. I. 1988 The cognitive diathesis-stress theories of depression. In L. B. Alloy (Ed.), *Cognitive processes in depression*. New York: Guilford Press, 3-30.
(12) セリグマン, M. E. P., 平井久・木村駿 (監訳) 1985 うつ病の行動学:学習性無力感とは何か. 誠信書房.
(13) Kelley, H. H. 1967 Attribution theory in social psychology. In D. Levine (Ed.), *Nebraska symposium on motivation*, **15**. Lincoln, NE: University of Nebraska Press, 192-238.
(14) Weissman, A. N. 1979 The Dysfunctional Attitude Scale: A validation study. *Dissertation abstracts international*, **40**, 1389-90B.
(15) エリス, A. & ハーパー, R. A., 北見芳雄 (監修), 國分康孝・伊藤順康 (訳) 1981 論理療法:自己説得のサイコセラピイ. 川島書店.
(16) Beck, A. T. 1976 *Cognitive therapy and the emotional disorders*. New York: In-

ternational University Press.
(17) Sakamoto, S. 1998 The Preoccupation Scale: Its development and relationship with depression scales. *Journal of Clinical Psychology*, **54**, 645-654.
(18) 坂本真士 1998 自己注目と抑うつの社会心理学. 東京大学出版会.
(19) Pyszczynski, T., & Greenberg, J. 1987 Self-regulatory perseveration and the depressive self-focusing style: A self-awareness theory of reactive depression. *Psychological Bulletin*, **102**, 122-138.
(20) Sakamoto, S., Tomoda, A., Iwata, N., Aihara, W., & Kitamura, T. 1999 The relationship between major depression, depressive symptoms and self-preoccupation. *Journal of Psychopathology and Behavioral Assessment*, **21**, 37-49.
(21) Sakamoto, S. 1999 A longitudinal study of the relationship of self-preoccupation with depression. *Journal of Clinical Psychology*, **55**, 109-116.
(22) Nolen-Hoeksema, S. 1991 Response to depression and their effects on the duration of depressive episodes. *Journal of Abnormal Psychology*, **100**, 569-582.
(23) Nolen-Hoeksema, S., & Morrow, J. 1991 A prospective study of depression and posttraumatic stress symptoms after a natural disaster: The 1989 Loma Prieta Earthquake. *Journal of Personality and Social Psychology*, **61**, 115-121.
(24) Nolen-Hoeksema, S., Morrow, J., & Fredrickson, B. L. 1993 Response style and the duration of episodes of depressed mood. *Journal of Abnormal Psychology*, **102**, 20-28.
(25) Sakamoto, S. 2000 Self-focusing situations and depression. *Journal of Social Psychology*, **140**, 107-118.
(26) Fennell, M. J., & Teasdale, J. D. 1984 Effects of distraction on thinking and affect in depressed patients. *British Journal of Clinical Psychology*, **23**, 65-66.

第2章 対人不安
(1) 毛利伊吹 2003 認知臨床心理学からみた対人不安：対人恐怖症・社会不安障害の理解に向けて. 協同出版.
(2) アメリカ精神医学会, 高橋三郎・大野裕・染矢俊幸（訳） 1996 DSM-IV 精神疾患の診断・統計マニュアル. 医学書院.
(3) 下山晴彦 1997 臨床心理学研究の理論と実際：スチューデント・アパシー研究を例として. 東京大学出版会.
(4) 阿部和彦 1985 小児期および青年期における発達と対人恐怖的症状〈視線恐怖, 赤面恐怖, 対話恐怖〉. 精神科 MOOK, **12**, 70-75.
(5) Buss, A. H. 1980 *Self-consciousness and social anxiety*. San Fransisco: Freeman.
(6) 押見輝男・渡辺浪二・石川直弘 1986 自意識尺度の検討. 立教大学心理学科研究年報, **28**, 1-15.
(7) リアリィ, M. R., 生和秀敏（監訳）1990 対人不安. 北大路書房.
(8) 笠原嘉 1977 青年期. 中公新書.
(9) 山下格 1977 対人恐怖. 金原出版.
(10) 永井撤 1994 対人恐怖の心理. サイエンス社.

(11) 小川捷之・林洋一・永井撤・白石秀人　1979　対人恐怖症者に認められる対人不安意識に関する研究 (1)：比較文化的観点から．横浜国立大学教育紀要, **19**, 205-220.
(12) 菅原健介・山本真理子・松井豊　1986　Self-consciousness の人口統計学的特徴．日本心理学会第 50 回大会発表論文集, 658.
(13) Markus, H, R., & Kitayama, S.　1991　Culture and the self: Implication for cognition, emotion, and motivation. *Psychological Review*, **98**, 224-253.
(14) 北西憲二　1998　実践・森田療法．講談社．

3章　妄想と自我障害

(1) 笠原嘉　1998　精神病．岩波新書．
(2) 山下格　1997　新版精神医学ハンドブック．日本評論社．
(3) Fenigstein, A., & Vanable, P.　1992　Paranoia and self-consciousness. *Journal of Personality and Social Psychology*, **62**, 12-138. (丹野義彦・石垣琢麿・大勝裕子・杉浦義典　2000　Fenigstein らのパラノイア尺度の信頼性．このはな心理臨床ジャーナル **5**, 93-100.)
(4) ブロイラー, E., 飯田眞ほか (訳)　1974　早発性痴呆または精神分裂病群．医学書院．
(5) 大熊輝雄　1962　感覚遮断：その生理学的・心理学的・精神医学的側面．精神医学, **4**, 687-703.
(6) 荻野恒一　1968　限界状況における集団的幻覚体験について：冬山遭難時の幻覚の現象学的記述と精神医学的考察．精神医学, **10**, 79-84.
(7) 渡辺恒夫・小栗貢　1994　入眠期の諸体験に関する予備的研究 (金縛りと入眠幻像)．日本心理学会大会発表論文集, 507.
(8) Small, I. F., Small, J. G., & Anderson, J. M.　1966　Clinical characteristics of hallucinations of schizophrenia. *Diseases of Nervous System*, **27**, 349-353.
(9) Gould, L. N.　1950　Verbal hallucinations as automatic speech: Reactivation of dormant speech habit. *American Journal of Psychiatry*, **107**, 110-119.
(10) 丹野義彦・石垣琢麿・杉浦義典　2000　妄想的観念の主題を測定する尺度の作成．心理学研究, **71**, 379-386.
(11) 石垣琢麿・丹野義彦　1997　精神分裂病における妄想的観念のアセスメント．日本心理学会第 61 回大会発表論文集, 163.
(12) ヤスパース, K., 内村祐之ほか (訳)　1953　精神病理学総論．岩波書店．
(13) 土居健郎　1972　分裂病と秘密．土居健郎 (編), 分裂病の精神病理 1. 東京大学出版会, 1-18.
(14) 西丸四方　1949　精神医学入門．南山堂．
(15) ミンコフスキー, 村上仁 (訳)　1954　精神分裂病．みすず書房．
(16) Crow, T. J.　1980　Molecular pathology of schizophrenia: More than one disease process? *British Medical Journal*, **280**, 66-68.
(17) Schwartz, D.　1963　A Re-View of the "paranoid" concept. *Archives of General Psychiatry*, **8**, 349-361.
(18) Kaney, S., & Bentall, R.　1989　Persectory delusions and attributional style. *British Journal of Medical Psychology*, **62**, 191-198.

(19) Fenigstein, A. 1984 Self-consciousness and the overperception of self as target. *Journal of Personality and Social Psychology*, **47**, 860-870.
(20) 丹野義彦・丹野ひろみ 1987 社会心理学的自己認知理論からみた精神分裂病の自己の病理. 群馬大学医療技術短期大学部紀要, **8**, 47-58.
(21) 丹野義彦・町山幸輝 1990 精神分裂病における認知障害の構造. 感覚統合研究, **7**, 117-138.
(22) 中安信夫 1988 分裂病最初期にみられる「まなざし」意識性について. 吉松和哉（編）, 分裂病の精神病理と治療 1. 星和書店, 1-27.
(23) 山本和郎 1962 対人認知の諸問題. 片口安史・大山正（編）, 医学のための心理学. 誠信書房, 243-282.
(24) ジェームス, W., 今田恵（訳） 1950 心理学（上下）. 岩波文庫.
(25) Duval, S., & Wicklund, R. A. 1972 *A Theory of objective self-awareness*. New York: Academic Press.
(26) Birchwood, M., & Preston, M. 1991 Schizophrenia. In W. Dryden., & R. Rentoul (Eds.), *Adult clinical problems: A cognitive-behavioural approach*. London: Routledge. 171-202.（丸田伯子（訳） 1996 第4章・精神分裂病. 丹野義彦（監訳）, 認知臨床心理学入門：認知行動アプローチの実践的理解のために. 東京大学出版会.）
(27) Watts, F., Powell, G., & Austin, S. 1973 The modification of abnormal beliefs. *British Journal of Medical Psychology*, **46**, 359-363.
(28) 神田橋條治・荒木富士夫 1976 「自閉」の利用：精神分裂病者への助力の試み. 精神神経学雑誌, **78**, 43-57.

4章　臨床の知の技法

(1) 花田耕一・高橋三郎 1982 わが国における DSM-Ⅲ 臨床試行：7大学付属病院における精神科医間の診断一致度. 臨床精神医学, **11**, 171-181.
(2) 坂本真士 2000 5章実践に基づく統合的研究, 3節アナログ研究. 下山晴彦（編）臨床心理学研究の技法. 福村出版, 119-125.
(3) Metalsky, G. I., & Joiner, T. E. 1992 Vulnerability to depressive symptomatology: A prospective test of the diathesis-stress and causal mediation components of the hopelessness theory of depression. *Journal of Personality & Social Psychology*, **63**, 667-675.
(4) Metalsky, G, I., Joiner, T. E., Hardin, T. S., & Abramson, L. Y. 1993 Depressive reactions to failure in a naturalistic setting: A test of the hopelessness and self-esteem theories of depression. *Journal of Abnormal Psychology*, **102**, 101-109.
(5) Alloy, L. B., & Abramson, L. Y. 1979 Judgment of contingency in depressed and nondepressed students: Sadder but wiser? *Journal of Experimental Psychology: General*, **108**, 441-485.
(6) Metalsky, G .I., Abramson, L. Y., Seligman, M. E. P., Semmel, A., & Peterson, C. 1982 Attributional styles and life events in the classroom: Vulnerability and invulnerability to depressive mood reactions. *Journal of Personality and Social Psy-*

chology, **43**, 612-617.
(7) Abramson, L. Y., Alloy, L. B., & Metalsky, G. I. 1988 The cognitive diathesis-stress theories of depression. In L. B. Alloy (Ed.), *Cognitive processes in depression*. New York: Guilford Press, 3-30.
(8) Duval, S., & Wicklund, R. A. 1972 *A Theory of objective self-awareness*. New York: Academic Press.
(9) Hull, J. & Levy, A. 1979 The organizational functioning of the self: An alternative to the Duval and Wicklund model of self-awareness. *Journal of Personality and Social Psychology*, **37**, 756-768.
(10) Carver, C. S., & Scheier, M. F. 1981 *Attention and self-regulation: A control theory approach to human behavior*. New York: Springer Verlag.
(11) Buss, A. H. 1980 *Self-consciousness and social anxiety*. San Francisco: W. H. Freeman.
(12) Ingram, R. E. 1990 Self-focused attention in clinical disorders: Review and a conceptual model. *Psychological Bulletin*, **107**, 156-176.
(13) 辻平治郎 1993 自己意識と他者意識. 北大路書房.
(14) Buss, A. H. 1986 A theory of shyness. In W. H. Jones & J. M. Cheek & S. R. Briggs (Eds.) *Shyness: Perspectives on reserch and treatment*. Plenum.
(15) Schlenker, B. R., & Leary, M. R. 1982 Social anxiety and self-presentation: A conceputualization and model. *Psychological Bulletin*, **92**, 641-669.
(16) Pyszczynski, T., & Greenberg, J. 1987 Self-regulatory perseveration and the depressive self-focusing style: A self-awareness theory of reactive depression. *Psychological Bulletin*, **102**, 122-138.
(17) 丹野義彦・町山幸輝 1990 精神分裂病における認知障害の構造. 感覚統合研究, **7**, 117-138.
(18) Wine, J. 1971 Test anxiety and direction of attention. *Psychological Bulletin*, **76**, 92-104.
(19) Hull, J. 1981 A self-awareness model of the causes and effects of alcohol consumption. *Journal of Abnormal Psychology*, **90**, 586-600.
(20) 坂本真士 1997 自己注目と抑うつの社会心理学. 東京大学出版会.
(21) Fenigstein, A. & Vanable, P. 1992 Paranoia and self-consciousness. *Journal of Personality and Social Psychology*, **62**, 12-138.
(22) Abramson, L. Y. (Ed.) 1988 *Social cognition and clinical psychology*. New York: Guilford Press.
(23) Alloy, L, Y. (Ed.) 1988 *Cognitive processes in depression*. New York: Guilford Press.
(24) Ingram, R. E. (Ed.) 1986 *Information processing approaches to clinical psychology*. Orlando: Academic Press.
(25) リアリー, M. R. & ミラー R. S., 安藤清志・渡辺浪二・大坊郁夫 (訳) 1989 不適応と臨床の社会心理学. 誠信書房.
(26) Snyder, C. R., & Forsyth, D. R. (Eds.) 1991 *Handbook of social and clinical psychology: The health perspective*. New York: Pergamon Press.

(27) Weary, G., & Mirels, H, L. (Eds.) 1982 *Integrations of clinical and social psychology*. New York: Oxford University Press.
(28) 丹野義彦 2000 実証にもとづいた臨床心理学は可能か：抑うつ・不安・精神分裂病・人格障害とパーソナリティ．児童心理学の進歩 2000 年版, 175-204.
(29) Nolen-Hoeksema, S. 1991 Response to depression and their effects on the duration of depressive episodes. *Journal of Abnormal Psychology*, **100**, 569-582.

あとがき

この本のなりたち・社会心理学と臨床心理学のインターフェイス

　この本の企画が持ち上がったのは，筆者（坂本）が本人にとっての第1作目である『自己注目と抑うつの社会心理学』（東京大学出版会）を執筆しているときでした．まだ若かった当時の筆者は，今でもお若い東京大学出版会の後藤健介さんと，こころの不調（mental disorder）という問題に社会心理学的な視点からどうにか切りこむことができないか，こころの問題を扱う臨床心理学と，社会心理学を含む基礎的な心理学とが協力することはできないものだろうか，機会があるごとに熱く語り合ったものでした．そのなかで「それならば初学者向けに，もう一冊，別の本を書いてみてはどうですか」というご提案を後藤さんからいただきました．実際，拙著『自己注目と抑うつの社会心理学』は，筆者の博士論文を改稿したもので，専門家向けのものでありました．筆者は「読みやすく，わかりやすく」をこころがけたつもりですが，「学術書」（本当に学術書なのかなぁ，心配だなぁ）として発表する必要があったので，かたい本になってしまいました．ですから，後藤さんからご提案をいただいたとき，筆者がその話に飛びついたのはいうまでもありません．

　筆者の当時の願いは，これまで日本では臨床心理学で扱われていたトピックを，社会心理学の視点から解明できないか，ということでした．拙著にも書きましたが，臨床心理学のトピックに社会心理学から迫るというアプローチは，欧米では盛んに行われていましたが，日本ではほんの一部の先達を除けば，ほとんど顧みられないものでした．この事態は，社会心理学（をはじめ，基礎的な心理学領域）が臨床心理学（ひいてはこころの病に悩む人たち）にもたらしうる利点を考えれば，是非とも変えなければならないものだと，若輩の筆者は鼻息も荒く考えておりました．

　たとえば，ここにひとりの落ち込みに悩む女子学生がいるとしましょう．やる気がわかず，食欲もなく，ただ疲れた感じがして，自分を責める自分にとりまかれ，自分のことを他人もそして自分すらも嫌っていると思い，人と

の付き合いから離れていく．そんな人がいるとしましょう．その人はどうすればいいんでしょう．たまたま，親友に心理学科の学生がいて，彼女の様子を心配して声をかけてきたならば，彼女は自分のことを話し，苦しいこころの内をあかすかもしれません．相談を受けた心理学科の学生は，最初は話を聞いていたものの，彼女の深刻な様子にとまどい，自分の所属する学科の先生に相談するかもしれません．その先生が臨床心理学の専門家だったら，その先生が信頼できると思うカウンセラーや精神科医を紹介するでしょう．でも，その学生は，友人の好意に感謝しながらも，自分が精神科やカウンセラーにかかったことが知られるのを嫌がり，自分のなかで問題をとじこめようとするかもしれません．

　ありがちな話ではないでしょうか（臨床心理学が第一の専門ではない筆者（坂本）でも，このような質問を受けたことは何度かあります）．たまたま心理学科の友だちがいれば，どこかのカウンセラーや精神科医を紹介されたかもしれませんが，このようなつながりのないほとんどの人は，こころの問題を抱えたときにどうするでしょうか．新興宗教の門を叩いてみるでしょうか．「自己啓発セミナー」とかいうものを受けてみるでしょうか．自分の苦しい気持ちから逃れるために，ドラッグやアルコールにおぼれるでしょうか．それとも嵐が去りゆくのをじっと待つように，いつまでも事態が変わるのを待つでしょうか．

　このようなこころの問題を抱える人たちに，クライエントが来るのを待つというこれまでの臨床心理学は無力ではなかったでしょうか．こういった事態に，社会心理学が第一の専門である自分でも，何か役に立てることはないだろうか，日本には十分根付いていないけれど，欧米では盛んに行われている社会心理学からのアプローチを，どうにかして広めることはできないだろうか．筆者は，スカスカな頭をひねくりまわして思案していました．それでまずは本の形で，欧米での知見を中心に日本語で紹介してみたいと思いました．

　筆者は，東京大学の丹野先生にこの本の企画をお話ししました（共著者に「先生」をつけると変に思われるかもしれませんが，私にとっては「先生」ですのでお許しください）．先生には『認知臨床心理学入門』（ドライデン・レントゥル編，東京大学出版会）の翻訳や先生のゼミの授業を通して，新し

い臨床心理学のあり方を教えていただきました．本書の企画が出たとき，統合失調症の研究がご専門の丹野先生にご登場いただき，幅広いこころの不調について取り上げたいと筆者は考えたのです．その後，丹野先生とは，臨床心理学と基礎的な心理学領域との協力を目指すために，いろいろな学会でシンポジウムを行ってきました．本年（2000年）には，日本社会心理学会で「社会心理学と臨床心理学のインターフェイス」と題したシンポジウムを行い，多くの研究者の方に我々の考えを聞いていただきました．

軽いこころの病を何とかしたい

これまで，臨床心理学やこころの病というと，とかく自分とはかけ離れた，神秘的で謎めいた，深い，一般人では近づきがたい世界だと思われていたふしがあると思います．たしかにこころの病のなかには，深層心理学的な説明や介入，あるいは薬物を用いた治療をしなければ治らないものもあるでしょう．

しかし，近年問題になっているのは，誰でもがかかりうる軽症のこころの病なのです．たとえば，仮面うつ病や短期間の抑うつ状態を繰り返してしまうもの，自分が嫌なにおいを出しているのではないかという懸念などは，増えてきているといわれています．このような状況を考えると，従来，臨床心理学で取り上げられている現象がなぜ生じるのかを，一般の人の行動を説明する社会心理学の概念を用いて，広く人々に説明することの必要性を感じざるを得なかったのです．このことによって，まずこれまでこころの問題と考えられていたもののいくつかは，決して「異常な」「特別な」ことではなく，誰でもが陥る可能性のある「ふつうの問題」であることがわかってもらえると考えたのです．

日本では，今でもこころの問題に対する偏見が根強く残っているのではないでしょうか．10人に1人くらいはかかるはずのうつ病ですら，隠すべきこととして考えられています．会社ではうつ病にかかると出世に影響すると考える人はまだ多いですし，精神科にかかるとしても近所に知られないように気を配るのが当たり前になっています．こころの病にかかることは「何かいけないこと」であり「隠すべきこと」だと思われています．

筆者らはこのような社会状況を変えたいと願っています．こころの病に対

して社会心理学的な説明を行うことで，こころの病は特別な問題ではなく，ある認知的な処理がなされれば誰でもがなりうる状態なのだということを知っていただくことで，こころの病に対する偏見を多少なりとも低減できるのではないかと期待しています．また，本書では，「自分のこころからよむ」ことを目的としています．本書を読まれた皆さんが，自分のことをよく知って，自分とうまくつきあってこころの健康を保っていくことができれば，筆者らは至上の喜びを感じます．

　本書の企画は今から3年以上も前にさかのぼるのですが，完成までは難渋の数々でした．結局，出版にこぎつけるのは世紀をこえてしまいました．しかしものは考えよう──「新しい世紀の最初の月に出版される画期的な一冊！」ということで（これぞ「認知的対処＝ものごとに対する考え方を変えること」ですね）．本書が文字通り新世紀をひらく書になってくれれば……，などと期待しております．

　最後に，長期にわたって制作にご尽力いただいた東京大学出版会の伊藤一枝さん，後藤健介さんにこころより厚く御礼申し上げます．

2000年11月
筆者を代表して　坂本真士

索 引

あ 行

アセスメント・ツール　2, 137
アナログ研究　139
因果スキーマモデル　160
陰性症状（精神分裂病の）　95, 97, 105, 123
うつ病　11
　──の診断基準　11, 13
ABC図式　27, 72, 151
エイブラムソン　15
エリス　27

か 行

改訂学習性無力感理論　15-16, 18, 23, 143
カウンセラー（カウンセリング）　3, 149-50, 153, 180
過食症　→摂食障害
観衆不安　57, 59, 62
学習性無力感（理論）　18, 164
帰属理論　15, 145, 159
帰属スタイル質問紙（→ASQ）　17
拒食症　→摂食障害
原因帰属　15, 107, 159
　──帰属の3次元　19-21
幻覚　98-99
幻聴　99
交感神経系　59
公的自己（意識）　55, 68, 114, 118-21, 123, 169
公的自覚状態　68

さ 行

作為体験　105
思春期妄想症　51, 78
私的自己（意識）　55, 114, 118, 169
シャイネス　57, 59, 62
社会恐怖　52
生涯有病率　14, 54, 93
診断基準　157
自我障害　79, 102, 104, 121
自我漏洩体験　104
自己意識（尺度）　54, 56
自己意識理論　112, 145, 171
自己注目　32, 167
自己呈示　55, 176
　──効率　71
　──理論（リアリィとシュレンカーの）　55, 65, 145
自己標的バイアス　110
自己評価式抑うつ性尺度（→SDS）　8-9
自己没入（尺度）　32-33, 38
実証にもとづく医療　151
実証にもとづく臨床心理学　151
自動思考　29-31
自閉療法　123, 126
自律神経系　59
推論の誤り　29
スチューデント・アパシー　42
ストーカー　129
ストレッサー　140
正規分布　156
精神疾患の診断・統計マニュアル（→DSM-IV）　11, 157
精神分裂病　178
摂食障害　87
セルフコントロール　151
絶望感理論　15, 23, 145
素因　141
　──ストレスモデル　140, 142

た行

対応推論理論　159
対人恐怖（症状尺度）　48-49, 78
対人不安　45-86
　——理論（バスの）　55, 145
投影　108, 121
　——的帰属バイアス　109
統合失調症　95
当惑　57, 62

な行

内在他者　116
日本の対人恐怖　72
認知のゆがみ（理論）　25, 28
認知療法　29, 40, 125, 181

は行

恥　57, 62
バス　55
パラノイア尺度　95-96
被害妄想　95, 102, 112, 120
非機能的態度尺度（→DAS）　25-26
標準偏差　156
副交感神経系　59
不合理な信念　27-28
ブロイラー　107
分散分析モデル　160
ベック　27-28

ま行

無力感抑うつ　20-21
妄想　78, 91-127
　——性障害　101
森田正馬（森田療法）　77, 84

や行

ヤスパース　104
陽性症状（精神分裂病の）　95, 97
抑うつ　5-41
　——気分　10
　——症状　11-12
　——スキーマ　25, 29-30
　——的帰属スタイル　24
　——的自己注目スタイル（理論）
　　31, 34, 36, 146

ら行

リアリィ　55, 65
了解不能　79

A〜Z

ABC図式　27, 72, 151
ASQ（→帰属スタイル質問紙）　17
DAS（→非機能的態度尺度）　25-26
DSM-IV（→精神疾患の診断・統計マニュアル）　11, 52, 157
SDS（→自己評価式抑うつ性尺度）　8-9

丹野義彦（たんの よしひこ）1954 年生まれ．東京大学大学院総合文化研究科教授．おもな著訳書に『知の技法』（1994 年，東京大学出版会，分担執筆），『心理学』（1996 年，東京大学出版会，分担執筆），『認知臨床心理学入門』（1996 年，東京大学出版会，監訳）「講座 臨床心理学」（全 6 巻，2001〜02 年，東京大学出版会，共編）『エビデンス 臨床心理学』（2001 年，日本評論社）『叢書　実証にもとづく臨床心理学』（全 7 巻，2003〜13 年，東京大学出版会，共編）ほか．

坂本真士（さかもと しんじ）1966 年生まれ．日本大学文理学部教授．おもな著書に『自己注目と抑うつの社会心理学』（1997 年，東京大学出版会），『講座 臨床心理学 4　異常心理学 II』（2002 年，東京大学出版会，分担執筆），『はじめての臨床社会心理学』（2004 年，有斐閣，共編），『臨床社会心理学』（2007 年，東京大学出版会，共編），『ネガティブ・マインド』（2009 年，中公新書），『抑うつと自殺の心理学』（2010 年，金剛出版），『対人的かかわりからみた心の健康』（2015 年，北樹出版，共編著）ほか．

自分のこころからよむ臨床心理学入門

2001 年 1 月 22 日　初　　版
2017 年 9 月 8 日　第 18 刷

［検印廃止］

著　者　丹野義彦・坂本真士

発行所　一般財団法人　東京大学出版会

　　　　代表者　吉見俊哉
　　　　153-0041 東京都目黒区駒場 4-5-29
　　　　http://www.utp.or.jp/
　　　　電話　03-6407-1069　Fax 03-6407-1991
　　　　振替　00160-6-59964

印刷所　株式会社理想社
製本所　牧製本印刷株式会社

© 2001 Yoshihiko TANNO and Shinji SAKAMOTO
ISBN 978-4-13-012034-0　Printed in Japan

JCOPY 〈㈳出版者著作権管理機構　委託出版物〉
本書の無断複写は著作権法上での例外を除き禁じられています．複写される場合は，そのつど事前に，㈳出版者著作権管理機構（電話 03-3513-6969，FAX 03-3513-6979，e-mail: info@jcopy.or.jp）の許諾を得てください．

書名	編著者	仕様・価格
臨床に活かす基礎心理学	坂本・杉山・伊藤編	A5・3000円
認知臨床心理学入門	ドライデン，レントゥル編著／丹野義彦監訳	A5・4000円
カウンセリングを学ぶ［第2版］	佐治守夫・岡村達也・保坂亨著	A5・2800円
臨床心理学の倫理をまなぶ［POD］	金沢吉展著	A5・3200円
教育臨床心理学	横湯園子著	A5・2900円
心理学研究法入門	南風原朝和・市川伸一・下山晴彦編	A5・2800円
教育心理学Ⅰ —発達と学習指導の心理学	大村彰道編	A5・2500円
教育心理学Ⅱ —発達と臨床援助の心理学	下山晴彦編	A5・2900円
統合失調症	バーチウッド，ジャクソン／丹野・石垣訳	A5・3200円
統合失調症の臨床心理学	横田・丹野・石垣編	A5・3600円
抑うつの臨床心理学	坂本・丹野・大野編	A5・3400円
不安障害の臨床心理学	坂野・丹野・杉浦編	A5・3600円
臨床社会心理学	坂本・丹野・安藤編	A5・3800円
臨床認知心理学	小谷津・小川・丹野編	A5・3600円
発達障害の臨床心理学	東條・大六・丹野編	A5・［品切］
臨床ストレス心理学	津田・大矢・丹野編	A5・3800円

ここに表示された価格は本体価格です．御購入の際には消費税が加算されますので御了承下さい．